浙江省社会科学普及课题
台州市哲学社会科学规划后期资助课题

# 警惕！

## 身边的风险

### 金融风险法律防范指南

王建华　主编

中国检察出版社

# 编辑指导委员会

# ● 序言

　　金融是国民经济健康运行的血液。随着金融业的迅猛发展和现代信息技术在金融领域的广泛运用，金融安全问题日益突出，不仅破坏金融业务活动的正常进行，削弱金融业抵抗风险的能力，而且影响着国家经济安全和社会稳定。实践表明，无论是2008年美国华尔街引发的国际金融危机，还是近年来国内个别地方发生的企业资金链断裂问题，都警示人们金融安全对一个国家或地区经济社会发展的极端重要性。加强金融风险的防范和规避，是促进金融健康发展的重大任务。

　　在现代市场经济条件下，做好金融风险的防范、控制和化解，既需要加强技术和管理创新，提高金融监管的科技水平和管控能力；同时，也离不开金融法律法规的建立健全和有效执行。自从20世纪90年代以来，我国金融领域的立法进程加快推进，基本形成了有关金融发展的法律法规体系。然而，随着我国金融业的快速发展，新的金融业态和金融产品孕育而生，金融立法还存在不适应、不协调、不完善的问题，金融立法相对滞后、缺乏前瞻性。特别是随着金融市场的进一步开放，外国金融资本更大范围、更深层次进入我国金融领域，对金融立法提出了更高要求。金融立法虽然并不能规避所有的金融风险，但有利于规范金融活动行为和秩序，实现金融监管有法可依。

　　金融产品和金融服务涉及千家万户，与百姓生产生活紧密相连。法律法规直接面向广大群众，规范人们权利与义务，调节社会利益关系，加强国民金融法律法规知识宣传十分重要。当前，公众信用观念比较淡薄，金融风险意识不强，金融违约现象和非理性投资行为时常发生，金融纠纷矛盾突出等，这些与人民群众金融法律法规知识的缺失和法制观念淡薄密切相关。一手抓金融领域立法，一手抓公民普法，是提高全社会金融安全法制意识，防范和规避金融风险的"双翼"。

《警惕!身边的风险——金融风险法律防范指南》一书，以发生在人民群众日常生活当中的鲜活案例、翔实事例，通过通俗语言，生动地讲述了金融风险的种种表现，宣传金融安全防范的法律法规知识，是金融法律法规普法宣传的好教材，有利于增强全社会的金融安全意识和法律意识。希望有关部门坚持立法与普法同步推进，面向群众、面向现实生活，加大金融知识和法律法规的宣传普及力度，为提高全民金融法律素质、传播金融法治文化作贡献！

浙江省人大常委会党组书记、副主任

茅临生

2014 年 6 月

# 引言 "防范金融风险"进行时

时间：2013 年 10 月 12 日

地点：台州市方远国际大酒店

主题：防范金融潜在风险 促进金融业健康发展

此次研讨会是浙江省社会科学界首届学术年会分论坛之一，由中国人民银行台州市中心支行、台州市社会科学界联合会联合主办，台州市金融学会、台州市检察官协会联合承办。浙江省金融学会副秘书长王去非莅临会议指导。

会议共收到论文 36 篇，经评审选出 29 篇优秀论文，会上有 16 位论文作者先后从化解银行业担保链风险、民间借贷犯罪的认定与防范、银行员工道德风险、互联网金融、影子银行等方面深入展开探讨，为当前防范金融潜在风险，促进金融业健康发展建言献策。

为了加强法律知识和廉洁自律教育，从整体上提高金融从业人员的法律素养，中国人民银行台州市中心支行高度重视金融潜在风险的防范工作，组织了"金融风险面面观——行长访谈"活动，并邀请到金融、法律专家和律师，对本次研讨会征集到的金融犯罪案例进行案件析疑和防范提示。

亡羊补牢，尚未为晚；金融风险，源头防范。只有重视风险源头的防范，才能有效避免或减少风险的发生。不少的风险都是由诸多的大意或失误造成的，不少的危机也都是由诸多的风险构成的，危机永远是风险不断累积的结果。只要我们重视金融风险的防范，金融危机也就必然会离我们远去！

# 目录

CONTENTS

# 伪造货币罪

WEIZAOHUOBIZUI

# 案例1 "神秘工厂"落户偏僻小镇，
夜半轰鸣惊醒暴利美梦

## 🔍 案情扫描：

由于大部分年轻人外出打工，平日里的 A 县 C 镇，一到晚上便是万籁俱寂。但是，这样的宁静，却从去年 7 月上旬开始被打破了……轰鸣声来自 C 镇的一个农家小院。人们奇怪：为什么白天院子的铁门紧闭，一到晚上，就传出很吵的机器轰鸣声！此时，公安局经侦部门开始抓捕贩卖假币的在逃犯罪嫌疑人——吴某。吴某，现年 23 岁，A 县人，是个经验丰富的"老手"，在 2008 年至 2009 年 3 月间，曾多次到广州等地购买假币进行贩卖，从中获取非法利益，案发后潜逃，系公安部督捕的在逃重大犯罪嫌疑人。随即，A 县民警展开了地毯式搜索，寻找吴某的踪迹。不久，这个"昼夜颠倒"的农家小院引起了办案民警的注意。从一个曾经进入"小院"的印刷机修理师傅处，民警了解到，铁门内是一家"印刷厂"。一个"印刷厂"为什么总是选在晚上"开工"，还要大门紧闭？又为什么没有对外承接任何印刷业务？正当警方为一个个问号一筹莫展时，一张似曾相识的面孔突然出现在小院里，经辨认，此人正是吴某。为了查清这个"神秘工厂"的真正身份，两名化装成地质勘探队员的民警租下了附近一座楼房的一个房间，从这里望去，"印刷厂"里的人员活动情况一览无余。警方侦查发现，"印刷厂"内一名男子曾只身前往广州带回一些反光油墨。经咨询印刷界的专家，反光油墨是国家控制的印刷材料，主要用于印刷人民币，广告产品印刷通常用不上。同时，民警发现，"印刷厂"还在购买上好的纸张。警方意识到，吴某很可能正在印制假币。9月11日，警方获悉，吴某等人已印制大量假币。9月12日凌晨4时许，"印刷厂"内，数名工人正在忙碌着将一张张崭新的"钞票"从印刷机上取下来。就在这时，只听"砰"的一声，大门撞开，数十名荷枪实弹的特警突然出现在他们面前，吴某等9名犯罪嫌疑人当场落网。警方同时缴获印制假币的胶印机、电脑、晒版机、胶片冲印机等机器设备和大量油墨、纸张以及印制出的假人民币760余万元。经进一步深挖，10月12日，民警在B县D镇查获吴某另一个印制假币窝点，缴获百元面额的假人民币340余万元以及6台彩色打印机等制假工具。此案经法院审理，依法判处被告人吴某无期徒刑，剥夺政治权利终身，并处没收个人全部财产。其余犯罪嫌疑人均受到不同程度的法律处罚。

# 案例 2　地下工厂造硬币，判了重刑还罚金

## 案情扫描：

2006 年 11 月下旬至 2007 年 4 月 20 日，伍某从广州购买了液压机、模具等制造假硬币的设备，并先后纠集被告人廖某、吴某等八人，在 A 市一乡下租赁仓库建立地下工厂制造假人民币壹元硬币，至案发时止，共制造假人民币壹元硬币约 250 万枚，伍某共获利约 100 余万元。此案经法院审理，依法判处伍某死刑，缓期 2 年执行，剥夺政治权利终身，并处没收个人全部财产；以伪造货币罪分别判处其余被告 1 年零 6 个月至 15 年不等的有期徒刑，分别并处人民币 10 万元至 5000 元不等的罚金。

## 法律析疑：

伪造货币罪是指违反国家货币管理法规，仿照货币的形状、色彩、图案等特征，使用各种方法非法制造出外观上足以乱真的假货币，破坏货币的公共信用，破坏金融管理秩序的行为。对于"数额特别巨大"的认定，根据最高人民法院《关于审理伪造货币等案件具体应用法律

若干问题的解释》第 1 条规定："伪造货币的总面额在二千元以上不满三万元或者币量在二百张（枚）以上不足三千张（枚）的，依照刑法第一百七十条的规定，处三年以上十年以下有期徒刑，并处五万元以上五十万元以下罚金。伪造货币的总面额在三万元以上的，属于'伪造货币数额特别巨大'。"案中吴某伪造货币，数额属于特别巨大范围内，其行为已构成伪造货币罪。因此，法院做出上述判决是正确的。

（浙江泽鼎律师事务所主任律师：叶水荣）

## ● 案后启示

### 防范提示：

假币的销售利润相当可观，一张 100 元面额的假币最初卖两三元，到终端批发之后可以卖到二三十元。正是高额利润的"致命诱惑"，让不法分子铤而走险，顶风作案。在假币犯罪多发的地方，由于经济落后、人多地少，加之不少人法律意识淡薄，很多参与制售假币的村民根本不知道这是犯罪，而是把加工假币作为"挣外快"的手段。现行法律对销售、使用假币的行为处罚偏轻，是假币屡扑不灭的另一个原因。除印制之外，使用、运输、销售假币者均不能判处死刑，而持有、使用 4000 元以下假币的小额买卖，仅处以治安拘留和罚款，有些人为了逃避法律惩处，一次只买低于 4000 元的假币，被抓到最多也就关十几天。假币犯罪不仅直接侵害群众的利益，还严重影响到国家的形象和人民币的国际化进程，因此应多管齐下，铲除其滋生的土壤和社会根源。一是要加强重点地区的普法宣传工作。二是要加强交通运输管理部门、电力、银行等有关部门和行业的联动，监管假币流通。加强公众对真币防伪技术的宣传，提高民众利用肉眼识假防伪的技术和能力。此外，公众更要树立防假心理。日常生活中，特别是在小摊小贩、农贸市场、流动摊贩等场合进行现金交易时，提高警惕性，对收到的货币要仔细对比查看，防止误收。大额交易时，尽量选择通过银行卡、转账支付等非现金方式。同时，要掌握识假技巧。了解掌握人民币的主要防伪措施和特征，掌握必要的识别技巧。比如光变油墨的变色原理、盲文和凹凸感等。拿一张 100 元人民币，光变油墨位于钞票的正面左下角。水平角度看是绿色的，倾斜角度，那个角度一看就是蓝色的，稍微一变化就可以。犯罪分子做了一点伪造，但是做不到位，人们能够很轻易地识别出来。还有，提高对小额假币的警惕心理。从近期假币违法犯罪活动来看，涉及小面额假币案件呈增多趋势。一旦误收了假币，要及时上缴银行或公安机关，切忌为转嫁损失而再次投入使用；发现假币违法犯罪线索的，应及时拨打 110 报警。

## 法律传真：

《刑法》第 170 条规定：伪造货币的，处三年以上十年以下有期徒刑，并处五万元以上五十万元以下罚金；有下列情形之一的，处十年以上有期徒刑、无期徒刑或者死刑，并处五万元以上五十万元以下罚金或者没收财产：

（一）伪造货币集团的首要分子；
（二）伪造货币数额特别巨大的；
（三）有其他特别严重情节的。

## 相关链接：

### 1. "〇九行动"与全国最大伪造货币案。

2009 年 1 月 20 日，为了进一步严厉打击假币违法犯罪活动，切实维护群众利益和国家金融秩序，公安部决定，在全国范围内开展为期十个月的打击假币犯罪专项行动，代号"〇九行动"。

公安部要求公安机关始终保持对假币犯罪高压态势，把广东作为全国主战场，切实形成全国联动、区域互动的大会战、大围剿局面。公安部将组织派驻督导组，深入各地明察暗访。

根据公安部与中国人民银行联合下发的通知，金融机构在办理业务过程中，一次性发现假人民币面额五百元以上的，应当立即通报公安机关；一次性发现假人民币面额二百元以上的，要在当天将有关情况通报公安机关。"〇九行动"开展以来，全国公安机关共破获假币犯罪案件2100 多起，缴获假币 8.1 亿元，假币犯罪泛滥的势头得到了有力遏制。

其中漳州"12·18"伪造货币案是公安机关破获的新中国成立以来最大的伪造货币案。2010 年 12 月初，犯罪嫌疑人林某坚伙同朱某科、胡某春聘请了制假技术员在诏安县太平镇山前村进行制造假币犯罪活动。2011 年 1 月 4 日，公安机关从该处查获百元面额假人民币半成品约 17595 万元、假币胶片版 23 张和彩色印刷机、烫金机、晒版机、切纸机各 1 台，以及大量制假材料。该案系新中国成立以来全国公安机关破获的最大伪造货币案。

## 2. 最高人民法院《关于审理伪造货币等案件具体应用法律若干问题的解释》（法释〔2000〕26 号）：

第一条　伪造货币的总面额在 2000 元以上不满 30000 元，或者币量在 200 张（枚）以上不足 3000 张（枚）的，依照刑法第一百七十条的规定，处 3 年以上 10 年以下有期徒刑，并处 5 万元以上 50 万元以下罚金。

伪造货币的总面额在 30000 元以上的，属于"伪造货币数额特别巨大"。

## 3. 如何区分伪造货币罪的一罪与数罪？

行为人实施伪造货币犯罪行为后，通常还会继续实施其他相关行为，从而触犯其他罪名，如行为人出售或运输其伪造的货币、行为人使用其伪造的货币骗购财物、行为人走私其伪造的货币，其行为分别又触犯了出售或运输伪造的货币罪、诈骗罪、走私伪造的货币罪。对此应定一罪，还是定数罪然后实行数罪并罚呢？

根据《刑法》第 171 条第 3 款之规定，伪造货币并出售或者运输伪造的货币的，依伪造货币罪从重处罚。出售、运输的货币，在这里应是指为伪造者自己所伪造的，即出售或运输所指向的假币与伪造的假币乃是同一宗假币。只有在这种情况下，伪造行为与出售或运输行为才存在吸收与被吸收的关系。此时出售或运输行为乃属于伪造行为的继续，是伪造行为的一种后继行为，这种后继行为是前行为即伪造货币的行为发展的自然结果。因为伪造者要达到其目的，一般要伴随着运输或出售的过程，因此，对这种后继行为，应被主行为即伪造货币的行为所吸收，不再有其独立的意义，定罪只按伪造货币罪进行，在量刑上则作为两个从重情节予以考虑。如果伪造货币或者运输或者出售的不是自己伪造的那宗货币，此时，运输、出售假币的行为与伪造货币的行为没有必然的联系，从而不存在吸收与被吸收关系，对此，应当分别定罪，再实行并罚。

## 4. 小额假币易蒙混过关危害很大，打击假币不分面值。

由于包括假硬币在内的小面额假币制作成本相对较高，数量相对较少。当前假币犯罪虽以大额钞票为主，但是小额假币有增长之势。同时，实际使用中小额假币容易蒙混过关，对老百姓危害很大，因此，无论是百元大钞，还是小额硬币，只要是假币，公安机关都将严厉打击。

## 5. 如何辨别真假硬币？

辨别真假硬币，首先看其色泽，真币呈镍白色，假币根据材料不同，色泽差异明显。不锈钢假币色泽白亮，铁合金、铝合金、铅锑合金等材料制作的假币色泽发灰；后期制作的镀镍合金普遍存在镀层结合力差，镍层脱落现象严重，流通后很容易出现锈蚀现象，从外观色泽上非常容易识别。其次看硬币的图案。早年采用浇铸法制造的假币图案花纹粗糙模糊，国徽、天安门、牡丹花芯、菊花芯等都模糊不清，周边浇铸打磨痕迹明显。近年来犯罪分子造假手段不断更新，利用真币做模板，在电火花机床上翻制印模，制作假硬币。这类假币的图案主要特征是比较粗糙，字体笔画略粗，笔画不规范，细微之处有缺损，图纹边线发虚、模糊，明显缺乏立体感和层次感。部分假硬币为了弥补仿制上的不足，采用手工修模、重塑花芯、花瓣等方法，结果欲盖弥彰，造假痕迹更为明显。从正面和背面图案的相对位置关系也可辨别真假硬币。一元真币根据技术标准规定，正面和背面的图文中心线应该正对，否则作为废品处理。而在假币中，正面和背面的图文中心线不正对的现象非常普遍。

　　此外，还可看硬币的边缘滚字。有的"菊花"一元假币，边缘滚字字迹模糊，笔画有粘连，缺损现象严重。假硬币中厚薄不均匀的现象也比较明显。有的犯罪分子还采用游戏机牌制作一元假币，这些游戏机牌虽然直径和厚度接近一元硬币，但制作粗劣，图案和一元真币相差较大，只要稍加留心就可以辨别。

# 出售、购买、运输假币罪

CHUSHOU、GOUMAIYUNSHUJIABIZUI

# 案例 1　假中有假受人骗，赔钱获刑失自由

## 🔍 案情扫描一：

　　陈某在火车上结识了一名女子。对方拿出两张 50 元面值的假币向他推销说，她哥哥在亳州专门做假币生意，问他有没有兴趣。陈某未置可否，女子随后又多次游说，称她有几个朋友用假币买黄金、药材等，赚了许多钱。陈某心动了，女子便安排陈某和她"哥哥"见了面。对方从手提袋里拿出两叠用塑料纸包好的钱，当场拆开，让陈某查验。陈某仔细辨认，看不出真假，他打算购买 6 万元假币。交易时，对方从密码箱里拿出两叠钱，让陈某查验。对方说，验过的钱因为拆了封需要拿回去。成交后，陈某回到家中兴冲冲地打开箱子拆开那些假币，不由得大吃一惊，原来每叠假币，除了最上面和底下的是所谓的高仿假币，中间的全是冥币。辛辛苦苦打工攒下的 6 万元血汗钱，就这样化为泡影，陈某越想越不甘心，报了警。此案经法院审理，依法判处陈某有期徒刑 4 年。

## 🔍 案情扫描二：

　　李某由于生意清淡，一直为自己轻率购进价值 25 万元的山货、一时又难以脱手、造成资金周转几乎山穷水尽而着急，甚至为应付天天上门的债主，已做好了贱卖的准备。2005 年 8 月，李某的一位老主顾姚

某突然找上门来，说是要购买一批山货回去销售。姚某所要购买的山货李某都有。可惜姚某并不需要太多，李某便主动表示同意让姚某赊欠部分货款。不明就里的姚某毫无考虑地答应了李某。经双方结算，姚某为此欠下李某人民币 10 万元。双方约定的支付欠款期限满后，姚某仅偿还给李某 4 万元，对剩下的 6 万元，则表示因亏损严重，无力还款。在李某的一再追索下，姚某提出其存有一些假币，如果李某愿意，他同意按 1：4 给李某抵债，即可以付给李某 24 万元假币。李某考虑自己当初也已准备亏损，是姚某帮忙才减少了损失，加上见假币非常逼真，觉得要让姚某还清货款，的确也不是一年半载的事，若是收受了这 24 万元假币，至少也能卖些钱，增加点收入，最终便接受了。未料只过了一个星期，李某还没来得及使用，便东窗事发。法院经依法审判，判李某购买假币罪，处有期徒刑 10 年，罚金 5 万元，判姚某出售假币罪，处有期徒刑 11 年，罚金 5 万元。

## ⚖ 法律析疑：

　　案情扫描一中的被告人陈某购买假币的行为已经扰乱了货币管理制度以及金融管理秩序，其行为本身已是犯罪。陈某主观上具有购买假币的故意并实施了购买行为，只是他在犯罪过程中上当受骗，而对方的行为已构成诈骗罪。由于陈某买回的大部分不是真正的假币，所以属于犯罪未遂，其主动报案可视为投案自首。

　　案情扫描二中以假币抵充货款无异于买卖假币。买和卖并非只有一手交钱，一手交货，还包括经济权益的交换等，关键在于一方转让自己的权益即"买"，另一方支付假币即"卖"。姚某表示无力还款，提出用其所持有的假币抵充欠款，等同于"卖"；李某为了自己的利益，同意收受假币，等于愿意以 6 万元真币换取 24 万元的假币，也就与购买假币无异。且姚某的"卖"与李某的"买"之间相互联系：李某持有的假币来源于姚某的转让，李某的接受促成了姚某转让的实现。而且这一转让是以抵销应支付的货款为条件，即是有偿的。出售与购买是双方合意，缺一不可。因此，李某犯购买假币罪，而姚某犯出售假币罪，法院的判决是合理的。

（浙江泽鼎律师事务所主任律师：叶水荣）

## 案例2　自作聪明购假币，发财梦破陷囹圄

### 🔍 案情扫描：

2011年2月中旬，被告人张某购得总面额1万余元的假人民币，并在火车上认识了甲、乙、丙，便向甲、乙、丙提出到A市用假人民币买商品来换取真人民币，甲等人均同意。同月21日上午，被告人张某与甲、乙、丙乘车到A市一商店，由甲用一张面额100元的假人民币购买红梅香烟一包，获取真人民币95元。事后，被告人张某一伙又到另一家商店，仍由甲用一张面额100元的假人民币购买挂面时，被店主周某和村民林某识破。林某向当地公安派出所报案后，公安民警赶来将被告人张某一伙抓获，分别从被告人张某和乙、甲身上搜查出面额100元的假币91张、2张、1张，加之他们丢弃在地的面额100元的假币13张及在被害人处提取的1张，总计108张，经中国人民银行A市支行鉴定均为假币。该案由A市人民法院经审理判决，被告人张某犯购买假币罪，判处有期徒刑1年零6个月，并处罚金人民币3万元。

## ⚖ 法律析疑：

案情扫描中被告人张某违反国家货币管理制度，明知是伪造的货币购买并使用，数额较大，其行为已构成购买假币罪。本案中，检察院以被告人张某犯持有、使用假币罪起诉，被告人张某辩称，其只是持有假币，使用的是甲等人，后法院在判决中变更为购买假币罪，这种定性上的分歧，关键在于能否认定被告人张某供述他在火车上购买假币的这一事实。法院经过对乙、丙陈述的庭审质证、认证，认为该事实可以认定。

虽然购买、持有、使用假币三种行为可以互为独立，我国刑法也分别规定了独立的罪名（其中，持有、使用假币属于选择性罪名），但是该三种行为在客观上存在内在的联系，构成牵连关系。牵连关系一般区分为两种：一是原因、结果关系；二是手段、目的关系。在本案，购买与使用构成了手段与目的关系，而持有既是购买的结果，又是使用的手段，分别与购买构成原因、结果关系，与使用构成手段、目的关系。其中，使用是其最终目的，通过使用把假钱换成真钱。对于这种为实施某种犯罪而其手段行为或者结果行为又触犯其他罪名的犯罪形态，在刑法理论上被称为牵连犯。对于牵连犯的处理方法，理论上主张采取从一重罪处断的原则，即按数罪中处罚较重的一个罪定罪，并在该罪的法定刑内从重处罚，不数罪并罚。结合我国的立法实际，一般认为，在刑法没有特别规定的情况下，对牵连犯应从一重罪从重处罚。我国刑法分则未对购买、持有、使用假币行为的处理作出专门规定，而从购买假币罪与持有、使用假币罪的法定刑来看，购买假币罪的处罚要重于持有、使用假币罪，故《解释》规定，"以购买假币罪定罪，从重处罚"。

（浙江泽鼎律师事务所主任律师：叶水荣）

# 案例3 运输假币利可观，带来风险价更高

## 案情扫描：

2006年10月15日，宋某（在逃）邀约被告人冯某、宋某某等一起到广东运输假人民币，两被告人表示同意。宋某带领二人从A市坐火车到广东揭阳购买假币分装在两蛇皮袋内。宋某单独离开后，两被告人携带两蛇皮袋假币于2006年10月17日乘坐长途客车回到A市。在A市高速公路出口处，被公安人员查获，经清点有1999年版100元面值人民币12107张，计1210700元；2005年版100元面值人民币7828张，计782800元；1999年版50元面值人民币13988张，计699400元；1999年版20元面值人民币7376张，计147260元，共计金额3139910元。经中国人民银行A市中心支行鉴定，两被告人运输的均系假人民币。法院据此认定被告人冯某、宋某某的行为构成运输假币罪，并作出如下判决：被告人冯某犯运输假币罪，判处有期徒刑15年，并处罚金人民币30万元；被告人宋某某犯运输假币罪，判处有期徒刑15年，并处罚金人民币30万元。

## ⚖ 法律析疑：

构成运输假币罪，应当具备以下特征：一是行为人首先要具有运输伪造货币的行为。二是行为人在主观上必须是明知的，即行为人清楚知道其运输的货物是伪造的货币。从实际情况看，运输伪造货币的行为与出售伪造货币的行为、购买伪造的货币的行为不同。出售、购买伪造货币的，行为人具有主观上故意这是不言而喻的；运输伪造货币的案件，主观状态则比较复杂，在有些情况下，托运人并未向承运人如实告知所运货物的情况，承运人也无法了解所运货物的真实情况。在这种情况下，承运人是被蒙骗的，对这种因受蒙骗等原因在不知道运输的是伪造的货币的情况下而运输的，不能作为犯罪处理。因此，刑法明确将"明知"规定为构成犯罪的要件。三是运输的伪造货币的数额较大。本案中二位被告明知是伪造的货币而运输，并且数额特别巨大，所以法院的判决是合理的。

（浙江泽鼎律师事务所主任律师：叶水荣）

## ● 案后启示

## 💡 防范提示：

一是控制假币源头，加大对伪造货币的打击力度。擒贼先擒王，控制假币流通首先要控制制假、造假的源头，有效打击假币犯罪；二是加大法制宣传，使广大群众熟知购买假币罪，不要贪小失大，君子爱财，取之有道；三是对假币保持警觉，在日常工作生活中，尤其是与现金接触比较多的人，要时刻保持警惕，不要碍于面子，使犯罪分子容易得逞。

## 法律传真：

《刑法》第 171 条第 1 款规定：出售、购买伪造的货币或者明知是伪造的货币而运输，数额较大的，处三年以下有期徒刑或者拘役，并处二万元以上二十万元以下罚金；数额巨大的，处三年以上十年以下有期徒刑，并处五万元以上五十万元以下罚金；数额特别巨大的，处十年以上有期徒刑或者无期徒刑，并处五万元以上五十万元以下罚金或者没收财产。

## 相关链接：

### 1. 如何区分罪与非罪的界限？

区分出售、购买、运输假币罪与非罪的界限，主要注意以下两点：（1）行为人是否"明知"。如果行为人因为上当受骗或出于过失不知其所出售、购买或者运输的是伪造的货币，其行为不构成犯罪；（2）数额是否达到较大程度。如果行为人出售、购买或者运输伪造的货币数额未达到较大程度的，即使有其他严重情节也不能以犯罪论处。

### 2. 如何把握本罪的既遂与未遂的界限？

本罪属于行为犯，并不要求有特定结果的发生，因而行为人只要将出售、购买或者运输之行为实施完毕，即可构成既遂。由于本罪属选择性罪名，因而行为人只要将其中任何一种行为而不是三种行为实施完毕都可构成既遂。但出售、购买或者运输行为也存在一个过程，因此也存在行为人因意志以外的因素而未能把行为实施完毕的可能。如行为人在出售或购买伪造货币当中正讨价还价时被抓获的，或者行为人在运输伪造的货币途中被截获的等，都属于犯罪未遂。因此，不能认为行为人一实施出售、购买或者运输伪造的货币的行为就都构成既遂。

3. 最高人民法院《关于审理伪造货币等案件具体应用法律若干问题的解释》(法释〔2000〕26号):

第二条 行为人购买假币后使用,构成犯罪的,依照刑法第一百七十一条的规定,以购买假币罪定罪,从重处罚。

行为人出售、运输假币构成犯罪,同时有使用假币行为的,依照刑法第一百七十一条、第一百七十二条的规定,实行数罪并罚。

第三条 出售、购买假币或者明知是假币而运输,总面额在四千元以上不满五万元的,属于"数额较大";总面额在五万元以上不满二十万元的,属于"数额巨大";总面额在二十万元以上的,属于"数额特别巨大",依照刑法第一百七十一条第一款的规定定罪处罚。

4. 最高人民法院《全国法院审理金融犯罪案件工作座谈会纪要》(2001年1月):

出售假币被查获部分的处理。在出售假币时被抓获的,除现场查获的假币应认定为出售假币的犯罪数额外,现场之外在行为人住所或者其他藏匿地查获的假币,亦应认定为出售假币的犯罪数额。但有证据证实后者是行为人有实施其他假币犯罪的除外。

制造或者出售伪造的台币行为的处理。对于伪造台币的,应当以伪造货币罪定罪处罚;出售伪造台币的,应当以出售假币罪定罪处罚。

# 金融工作人员购买假币、以假币换取货币罪

## 案例 银行员工购假币换货币，
## 利用职务之便从重处罚

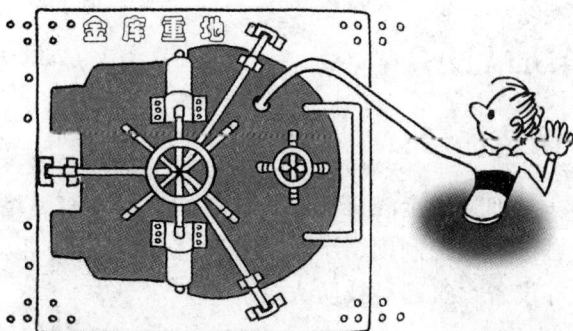

### 🔍 案情扫描：

　　张某某系 B 县某银行职工，先后任该行信贷员、出纳员。2008 年 5 月的一天，张某某以 1 万元人民币通过吕某从一陌生男子手中购得 5 万元假人民币。回单位后，张某某将 5 万元假币中的 49300 元先后分三次混在入库资金中而存入该行现金库房内，套出相同数额的人民币供自己使用。案发后，法院判处被告人张某某犯金融工作人员购买假币、以假币换取货币罪，判处有期徒刑 8 年，并处罚金人民币 5 万元。

### ⚖ 法律析疑：

　　本罪主体是特殊主体，只能是金融机构的从业人员。犯罪客体是国家金融管理秩序，同时还侵犯了金融机构的财产所有权，主观方面是直接故意犯罪，通常以非法牟利为目的。本罪不强调犯罪目的，也没有规定具体数额较大才构成犯罪。只要有主观故意和客观行为，一经实施便构成犯罪。本罪是对金融从业人员购换伪币犯罪所作的特别规定，法定刑重于一般的出售、购买伪币犯罪。被告人张某某身为金融机构工作人员，利用职务之便，将购买的假币混入库房套取真币，主观上出于故意，其行为构成金融工作人员购买假币、以假币换取货币罪。

（浙江泽鼎律师事务所主任律师：叶水荣）

## ● 案后启示

### 防范提示：

一是加强对金融机构工作人员的法制教育，增强法治意识。二是完善金融机构内控制度，不给犯罪分子有可乘之机。三是充分利用监控、防盗等设备，筑起科技防火墙。

### 法律传真：

《刑法》第 171 条第 2 款规定：银行或者其他金融机构的工作人员购买伪造的货币或者利用职务上的便利，以伪造的货币换取货币的，处三年以上十年以下有期徒刑，并处二万元以上二十万元以下罚金；数额巨大或者有其他严重情节的，处十年以上有期徒刑或者无期徒刑，并处二万元以上二十万元以下罚金或者没收财产；情节较轻的，处三年以下有期徒刑或者拘役，并处或者单处一万元以上十万元以下罚金。

### 相关链接：

**1. 金融机构工作人员购买假币、以假币换取货币罪与购买假币罪如何区别？**

二者的客观行为在性质上并没有本质上的不同。所不同的主要有：（1）行为主体的不同。本罪客观行为的主体是银行等金融机构的工作人员；而购买假币罪的主体则为一般主体。（2）客观方面不同。金融机构工作人员购买假币、以假币换取货币罪只要具有购买的行为，无论其购买数额的多少都可构成本罪；但后罪的客观方面，不仅要求具有购买假币的行为，而且亦要求购买假币的数量达到数额较大的标准，否则即不可能构成犯罪。另外，金融机构工作人员出于走私的故意而购买假币的，又牵连触犯走私假币罪，对之应从重按走私假币罪论处。

## 2. 金融机构工作人员购买假币、以假币换取货币罪与伪造货币罪的辨别？

（1）如果行为人伪造货币后，再用自己伪造的货币换取真币，则除了触犯金融机构工作人员购买假币、以假币换取货币罪，又触犯伪造货币罪。由于后者这种以假币换取真币的行为是前者伪造行为的一种自然的后继行为，加之，本法对伪造货币的行为处罚要比本罪重，对此，应从重择取伪造货币罪进行处罚。对于后面的以假币换取真币的行为，则作为一个从重的情节予以考虑。（2）如果金融工作人员既有伪造货币的行为，又有不是以自己伪造的货币而是以他人伪造的货币换取真币的行为，两者之间没有必然联系，因此，应当分别定为伪造货币罪与本罪，然后，实行数罪并罚。

## 3. 金融机构工作人员购买假币、以假币换取货币罪与走私假币罪如何辨别？

行为人如果出于走私的故意或与走私犯罪分子共谋实施本罪行为的，则又牵连触犯了走私假币罪，此时，应择一重罪即走私假币罪从重处罚。根据走私行为的性质，下列行为，即使为金融工作人员所为，亦应按走私假币罪处罚：（1）直接向走私犯罪分子非法购买国家禁止进出口的伪造的货币的；（2）在内海、领海购买国家禁止进出口的伪造的货币的；（3）与走私伪造的货币的犯罪分子共谋，为其将伪造的货币换取真币的等。

**4. 有关本罪的司法解释：**

（1）最高人民法院《关于审理伪造货币等案件具体应用法律若干问题的解释》（法释〔2000〕26号）

第四条　银行或者其他金融机构的工作人员购买假币或者利用职务上的便利，以假币换取货币，总面额在四千元以上不满五万元或者币量在四百张（枚）以上不足五千张（枚）的，处三年以上十年以下有期徒刑，并处两万元以上二十万元以下罚金；总面额在五万元以上或者币量在五千张（枚）以上或者有其他严重情节的，处十年以上有期徒刑或者无期徒刑，并处二万元以上二十万元以下罚金或者没收财产；总面额不满人民币四千元或者币量不足四百张（枚）或者具有其他情节较轻情形的，处三年以下有期徒刑或者拘役，并处或者单处一万元以上十万元以下罚金。

第七条　本解释所称"货币"是指可在国内市场流通或者兑换的人民币和境外货币。

货币面额应当以人民币计算，其他币种以案发时国家外汇管理机关公布的外汇牌价折算成人民币。

（2）最高人民检察院、公安部《关于公安机关管辖的刑事案件立案追诉标准的规定（二）》（2010年5月7日）

第二十一条〔金融工作人员购买假币、以假币换取货币案（刑法第一百七十一条第二款）〕　银行或者其他金融机构的工作人员购买伪造的货币或者利用职务上的便利，以伪造的货币换取货币，总面额在二千元以上或者币量在二百张（枚）以上的，应予立案追诉。

（3）《关于农村合作基金会从业人员犯罪如何定性问题的批复》（法释〔2000〕10号）

农村合作基金会人员不属于金融机构工作人员，不可作为本罪主体，对其实施的犯罪行为，应当依照刑法的有关规定定罪处罚。

# 持有、使用假币罪

CHIYOU、SHIYONGJIABIZUI

## 案例1 误收假钞不报案，转嫁损失法不容

### 案情扫描：

张某从事建材生意已有数年，由于经营得法，生意特别红火。2002年7月25日这天，顾客特别多，由于妻子因病在家休息，张某独自一人忙得不可开交。晚上，张某盘账时发现其中有4000元货款是假币，张某心中叫苦不迭，却又记不起该款是谁所付，不甘心就这样白白承担损失的他遂决定把这些假币用出去以转嫁损失。7月27日上午，张某在某烟酒店购买了价值2000元的货物。事后，店主发现其中有1200元假币，遂向公安机关报案。张某被抓获后，公安机关责成其赔偿了烟酒店经济损失1200元。法院以持有、使用假币罪判处有期徒刑1年，缓刑2年，并处罚金5000元。

### 法律析疑：

张某在收到假币后，本是受害者，但为了换回损失，持有假币并使

用，变成了加害者。发现误收假币后而使用的，这是一种明知为假币而使用的行为。如果数额较大，应以犯罪处理。行为人发现误收假币后，为了避免自己的经济损失而使用，数额较大的，尽管有其可以谅解的一面，但它同样危害货币的正常流通，使假币难以禁止，从而具有了可罚性。当然，对于集受害人、加害人于一身的行为人所实施的使用行为，在处罚时可以从轻。本案中，因为张某是误收假币，同时持有和使用的假币数额不是很大，所以法院从轻判了缓刑。

（浙江力汇律师事务所主任律师：金琴云）

## 案例2 捡假币购烟获罪，店主人报案有功

### 🔍 案情扫描：

胡林、胡华系 B 市人，以捡破烂为生。2013 年 1 月 3 日下午，胡华到 A 市某厂区捡垃圾时，捡到一包崭新的旧版百元面额的"钱"。胡华马上兴奋地把"钱"拿回家给父亲看。父子俩高兴地围坐在一起开始数"钱"，却发现这些钱已经受潮，且上面的字也掉了，两人觉得不对，方才意识到捡来的是假币。看着这崭新的假币，父子俩却舍不得丢，想来想去决定把它当真币花出去。1 月 4 日，两人携带 6300 元假币来到市区。胡华拿着 100 元的假币去买香烟，结果被细心的店主一眼识破，当即被扭送至公安局。两人因涉嫌持有、使用假币罪被移送司法审判。

### ⚖️ 法律析疑：

持有、使用假币罪在主观方面只能出于故意，即明知是伪造的货币而仍非法持有与使用。如受他人的蒙蔽、欺骗误以为是货币而为之携带

或保管的，在出卖商品、经济往来等活动中误收了伪造的货币后不知道而持有或使用的等，因不具有本罪故意而不构成本罪。本案中，如果两案犯不知道所拾为假币而误认为是真币，用于购物则无罪。按照最高人民法院《关于审理伪造货币等案件具体应用法律若干问题的解释》第3条关于持有、使用伪造的货币罪的起点数量规定，以"总面额在四千元以上不满五万元的"作为认定标准。本案中，两案犯明知所拾是伪造的货币，因贪念而起使用之心，加之持有的假币数额较大，已触犯持有、使用假币罪，法律会给予应有的处罚。

（浙江力汇律师事务所主任律师：金琴云）

# 案例 3 收藏种类万万千千，
## 假币千千万万不能收

## 🔍 案情扫描：

出于爱好和收藏，1997 年元月，方某开始收集假币，10 个月，已收集到各种假币一万多元。同年 11 月 15 日，经人举报，公安机关对此立案侦查，查明方某确有收藏假币的行为，并已收集了 14000 元的假币。据此，检察机关以方某已构成持有假币罪向法院提起公诉。方某辩解自己只是爱好收藏假币，不是以非法获利为目的，不会对社会造成危害，因而不构成犯罪。法院认为，方某明知是假币而予以收藏，是典型的持有假币的行为，而且数额较大，完全符合持有假币罪的构成要件。因此，其行为构成持有假币罪。

-----------------------------------------------------------

## ⚖️ 法律析疑：

在本罪中，方某收藏假币是出于收藏爱好，并无非法获利或行使的目的，但目的如何，不影响本罪的成立，所以，法院的判决是正确的，考虑到方某的犯罪情节轻微，可以免予刑事处罚或者减轻处罚。

（浙江力汇律师事务所主任律师：金琴云）

## ●案后启示

### 💡 防范提示：

　　一是司法机关和金融机构要大力加强假币危害的宣传，动员群众检举假币犯罪线索，主动上缴手中的假币，切不可因小失大。二是有关部门要加强反假币知识的宣传，提高群众对假币的辨识能力，使假币在日常流通中寸步难行。

### 📞 法律传真：

　　《刑法》第172条规定：明知是伪造的货币而持有、使用，数额较大的，处三年以下有期徒刑或者拘役，并处或者单处一万元以上十万元以下罚金；数额巨大的，处三年以上十年以下有期徒刑，并处二万元以上二十万元以下罚金；数额特别巨大的，处十年以上有期徒刑，并处五万元以上五十万元以下罚金或者没收财产。

### ☞ 相关链接：

**1. 如何区分罪与非罪的界限？**

　　在这类案件中，如果行为人使用假币的数额较小，又因缺乏对假币的明知，因此不构成本罪。如果发现误收假币后而使用的，这是一种明知为假币而使用的行为。如果数额较大，应以犯罪处理。行为人发现误收假币后，为了避免自己的经济损失而使用，数额较大的，尽管有其可以谅解的一面，但它同样危害货币的正常流通，使假币难以禁止，从而具有了可罚性。当然，对于集受害人、加害人于一身的行为人所实施的使用行为，在处罚时可以从轻。

## 2. 对于盗窃、抢夺假币后而持有、使用的，应如何定罪？

在实践中，专门以假币为对象进行盗窃、抢劫的恐怕并不多。通常是盗窃、抢夺的货币中夹杂假币或者把假币误认为是真币而进行盗窃、抢夺，并引发了持有、使用假币的行为。这些情况比较复杂，需要具体问题具体分析。如果盗窃、抢夺的货币中夹杂假币，并且真货币数额较大、假币数额较小，在这种情况下，持有、使用假币的行为不构成犯罪，可按盗窃、抢夺罪论处。反之，如果盗窃抢夺的假币数额较大，真币数额较小，在这种情况下，不构成盗窃、抢夺罪，可按持有、使用假币罪论处。

盗窃假币，数额较大的，不按盗窃罪处理。因为假币不存在价值计算问题。如果把假币误认为是真货币而进行盗窃、抢夺，则发生不能犯未遂问题。这种情况理论上说，持有盗窃、抢夺的假币，应认定为盗窃或抢夺罪（未遂）。因为这种情况就像盗窃、抢夺或窝藏一样，是一种不可罚之事后行为。但是，司法实践中，一般主张按牵连犯处理。

## 3. 如何正确认定持有、使用假币罪？

（1）一般来说，行为人明知是假币而持有，数额较大，根据现有证据不能认定行为人是为了进行其他假币犯罪的，以持有假币罪定罪处罚；如果有证据证明其持有的假币已构成其他假币犯罪的，应当以其他假币犯罪定罪处罚。

（2）关于收藏为目的的持有假币。以单纯收藏为目的而持有假币的行为，是否成立持有假币罪？或者说，应否将"以使用为目的"作为持有假币罪的主观要件？通常认为，由于刑法并没有要求出于使用目的而持有，假币应属于违禁品，禁止个人收藏，行为人收藏数额较大的假币也会侵犯货币的公共信用，故只要明知是假币而持有并达到数额较大要求的，就应以持有假币罪论处，但量刑时可以酌情从轻处罚。

（3）根据司法解释，行为人购买假币后使用，构成犯罪的，以购买假币罪定罪，从重处罚，不另认定为使用假币罪；但行为人出售、运输假币构成犯罪，同时有使用假币行为的，应当实行数罪并罚。

# 变造货币罪

BIANZAOHUOBIZUI

# 案例1　本该人才做裁缝，枉费心机进牢笼

## 案情扫描：

泉州人张某利用铁垫板、小刀、镊子、透明胶带等作案工具，将百元面值、拾元面值的人民币进行裁剪、拼接，对人民币进行变造，从而使纸币数量变多。2005年5月9日至10日，张某以真币夹带变造币进行存款的手段，分别将9张百元面值的变造币在D区建设银行公园分理处、花园分理处存进银行。2005年5月10日上午，张某窜至建行一储蓄专柜前，以同样的方法欲夹带5张百元面值的变造币再存款时，被银行工作人员当场发现并被抓获。同时，张某随身携带的60张百元面值的变造币、9张半截百元面值人民币、10张拾元面值的变造币、1张半截拾元面值人民币以及作案工具铁垫板、小刀、镊子、透明胶带及人民币中特有的金属丝等物品被查获。法院以变造货币罪，判处被告人张某有期徒刑1年，并处罚金人民币1万元。

### ⚖ 法律析疑：

　　被告人张某以真币为基础，采用拼接的手段，改变货币的真实形态，数额较大，其行为已触犯法律构成变造货币罪。变造货币与伪造货币，是两种确有较大差异的行为。前者是对真正的货币予以加工而增加币值或币量的行为，其特点是假中有真；而后者则是仿照真币制造假币的行为，完全是以假充真。变造行为的手段、特点决定了其变造货币的数量是有限的，不可能与伪造货币的数量相提并论，因此变造货币的社会危害性也远小于伪造货币罪。尽管如此，变造货币也会使人们怀疑货币的信用，担心交易的安全，从而影响国家币制的稳定，因而变造货币行为同样侵犯了国家的货币管理制度。变造货币与伪造货币相比，只有社会危害程度的不同，而无实质上的差异。

（浙江力汇律师事务所主任律师：金琴云）

## 案例 2 购买伪币本不该，真假拼接入此罪

### 案情扫描：

2009 年 9 月至 11 月间，被告人罗某为了顺利地使用其在 C 市第一人民医院附近购买的 1500 元伪造的 50 元和 100 元面值的人民币，便采用把假币和真币拼接在一起的方式对其手中的伪造人民币进行变造。2009 年 12 月 25 日，被告人罗某在使用其变造的人民币进行消费时，被群众当场识破后扭送至公安机关，后公安机关从罗某身上搜查出变造的百元面值的人民币 21 张，50 元面值的 3 张，总面额为 2250 元。经鉴定，上述人民币均为变造的人民币。经法院审理，判决被告人罗某犯变造货币罪，判处拘役 1 个月，并处罚金人民币 15000 元。

### 法律析疑：

被告人罗某以真币为基础，采用拼接的手段，改变货币的真实形态，数额较大，其行为已触犯法律构成变造货币罪。对于罗某购买假币的行为，根据最高人民法院《关于审理伪造货币等案件具体应用法律

若干问题的解释》第 3 条规定：出售、购买假币或者明知是假币而运输，总面额在四千元以上不满五万元的，属于"数额较大"。因此罗某购买面值 1500 元各类假币的行为不构成购买假币罪。

（浙江力汇律师事务所主任律师：金琴云）

## ●案后启示

### 防范提示：

变造货币罪，是指对真币采用挖补、剪贴、揭层、拼凑、涂改等方法进行加工处理，改变货币的真实形状、图案、面值或张数，增大票面面额或者增加票张数量，数额较大的行为。在收付大面额人民币时，防止误收误付变造假币，要做到注意"三看"。

一是看号码。1990 年版 100 元、50 元券均是横竖双号码，号码一致，如发现横竖号码不一致，可以断定钞票是拼凑而成，要仔细查看拼凑部分是否为假钞。据专家介绍，1999 年版 100 元券横号码为黑色，竖号码为蓝色；1999 年版 50 元券横号码为黑色，竖号码为红色。如发现横号码为红色的，可以断定是拼凑的变造假币。

二是看票面。拼凑的变造假币，连接处一般用透明胶带、浅黄色胶带或双面胶进行连接，连接部位不可能完全吻合，一旦发现不吻合的，应仔细查看拼凑部分的真假。据专家介绍，即使拼凑部分是真币，按相关规定，剩余部分也必须按原样连接，才能按标准兑换。还有两面揭变造币，就是将一张真币正反面撕开，与一张假币的正反面分别组合，制造出两张半真半假的变造币。因此，对于大面额纸币一定要正反面同时鉴别。

三是综合考虑多种防伪特征。有些变造假币，也具有磁性油墨、荧光油墨印制图案等部分防伪特征，能蒙蔽性能较差的点钞机及验钞机。使用验钞机检验钞票真伪时，应综合检验钞票的磁性、水印、荧光油墨图案等多种防伪特征。例如，真钞水印立体感强、荧光油墨图案清晰。

---

## 📠 法律传真：

《刑法》第 173 条规定：变造货币，数额较大的，处三年以下有期徒刑或者拘役，并处或者单处一万元以上十万元以下罚金；数额巨大的，处三年以上十年以下有期徒刑，并处二万元以上二十万元以下罚金。

## 👉 相关链接：

### 1. 如何区分变造货币罪与伪造货币罪的界限？

变造货币与伪造货币是不同的，变造货币是在货币的基础上进行加工处理，以增加原货币的面值，伪造货币则是将非货币的一些物质经过加工后伪造成货币，有的伪造货币的行为要利用货币，如采用彩色复印机伪造货币的。变造的货币在某种程度上有原货币的成分，如原货币的纸张、金属防伪线等。伪造的货币则不具有原货币的成分，如将真实的金属货币熔化之后铸成新币。变造货币的犯罪受到其行为方式的限制，变造的数额远远小于伪造的货币的数额，而且变造货币的犯罪是在真实货币的基础上进行加工处理，行为人为此还须先行投入一部分货币才能进行变造货币的犯罪；其牟取的非法利益往往小于伪造货币的非法所得利益。而伪造货币的犯罪有的是成批、大量地"生产货币"，社会危害性相对变造货币要大得多。

### 2. 最高人民法院《关于审理伪造货币等案件具体应用法律若干问题的解释》（法释〔2000〕26 号）：

第七条 本解释所称"货币"是指可在国内市场流通或者兑换的人民币和境外货币。货币面额应当以人民币计算，其他币种以案发时国家外汇管理机关公布的外汇牌价折算成人民币。

**3. 最高人民检察院、公安部《关于公安机关管辖的刑事案件立案追诉标准的规定（二）》（2010 年 5 月 7 日）：**

　　第二十三条〔变造货币案（刑法第一百七十三条）〕　变造货币，总面额在二千元以上或者币量在二百张（枚）以上的，应予立案追诉。

水印浮现，但无线暗时不容易发现

此处与真钞几乎无差别

此变色油墨、印刷效果与真钞几乎无差别

安全线位置不同，略浮于纸面
（真钞的位置在 00 之间，伪钞在人民之间）

仔细审看号码是印刷而非打印，且颜色浅

其他异同：1. 纸质纹理、密度、厚度、手感与真钞几乎无差别，折有脆响、不亮不软不毛（包括边缘）。无对比时极难辨认。除非事先提示。
2. 印刷质量极高，在 PS 下放大 100% 仍不易辨认。仅人像略显暗、背景底纹有轻微色差，但要在比较下才可看出。另外印刷油墨没有凸出感，但与磨损后的旧钞区别不大。

# 擅自设立金融机构罪

SHANZISHELIJINRONGJIGOUZUI

# 案例 "万寿储蓄所"为何会寿终正寝

## 🔍 案情扫描:

胡某原系某投资发展有限公司经理,因生意上出现较大亏损,故预谋通过设立储蓄所骗取存款进行投资的方式牟利。1999年3月,胡某将B市复兴路一间70余平方米的房屋用作私设储蓄所的地点,在私刻了"中国某银行储蓄所管理处"和"中国某银行行政专用章"印章并伪造了姓名为"王京成"的假居民身份证后，以"中国某银行储蓄管理处副处长王京成"的身份及"中国某银行储蓄管理处"的名义从事非法设立储蓄所的活动。

1999年4月初，胡某安排装修队按照储蓄所的通常样式对复兴路的房屋进行设计装修，安装监控专用的摄像头（但未连接真正的监控设备），招聘工作人员若干名，购买储蓄机构专用电脑软件，根据商业银行票证的样式为其开办的储蓄所设计并印制了银行专用凭证，还订制了一块"某银行总行营业部万寿储蓄所"铜牌并悬挂。胡某多次向他人宣称其开办的储蓄所储蓄利率较高，且有鼓励存款措施等。就在胡某筹备开业的时候，公安机关在接到被仿冒的银行举报后于同年4月20日将被告人胡某抓获。

法院经审理认定，被告人胡某未经中国人民银行批准，非法设立银行的储蓄分支机构、私刻印章、伪造身份证明、印制金融票证、租赁房屋作为经营场所、招聘工作人员、悬挂储蓄所标牌，其行为已构成擅自设立金融机构罪，且情节严重，但系犯罪未遂，依法判决被告人胡某犯擅自设立金融机构罪，判处有期徒刑3年零6个月，罚金人民币10万元。

----

## ⚖ 法律析疑：

有人认为擅自设立金融机构罪为举动犯，只要行为人一开始实施该罪客观要件所规定的行为，就构成既遂。审判法院没有采纳这种观点。举动犯在我国刑法分则中，一般是针对那些一旦进一步着手实行，就会造成很大的社会危害，危及国家政权的犯罪活动，如分裂国家罪、颠覆国家政权罪、间谍罪等；或者是那些带有教唆煽动性质的社会危害性非常大的犯罪，如煽动分裂国家罪、传授犯罪方法罪等。而刑法分则规定的破坏金融管理秩序犯罪不应被理解为举动犯，因为该罪行并不直接危及国家政权，也不带有教唆煽动他人犯罪的广泛之危害，其社会危害性显然不如前述犯罪行为大。擅自设立金融机构，需要一个由筹备到开始非法运作的过程，也就是"设立"的过程，所以此罪应当属于行为犯的范畴，只有"擅自设立"行为完成，非法金融机构能够开始运作，才是该罪的既遂。这样理解更符合《刑法》第 174 条的立法精神。胡某出于非法吸收公众存款的目的，故意不经中国人民银行批准，擅自设立"某银行万寿储蓄所"，破坏了国家关于金融机构的审批管理制度，构成擅自设立金融机构罪。只是由于其意志以外的原因，胡某擅自设立金融的行为没有得逞，使其犯罪行为停止于正在实施的阶段，故应认定犯罪未遂。另外，胡某的行为在两个方面表现出其犯罪情节的严重性：一是其手段行为触犯了其他罪名，如伪造居民身份证、伪造企事业单位印章等，这些犯罪行为已经得逞，分别构成单独个罪，应受刑事处罚，但依据牵连犯择一重罪处罚的原则，只能处罚其擅自设立金融机构罪，并充分考虑这两罪的社会危害性；二是胡某利用公众对银行等金融机构的信任，在繁华地区以骗取公众存款为目的，成立储蓄机构，严重损害了国有银行等金融机构的信誉，甚至使部分群众产生了存钱先要看看是不是真银行的恐慌心理，直接危及金融管理秩序，应当认定情节严重。

（浙江力汇律师事务所主任律师：金琴云）

## ●案后启示

### 💡 防范提示：

识别真假金融机构，一是可以查询该机构所用名义单位的总部网站或其监管单位、行业协会的网站，比如去中国期货业协会网站查询某期货公司是否真实存在；二是坚信天下没有免费的午餐，不为高额利息、蝇头小利等所动；三是注意金融机构的营业场所有无悬挂证照，若没有就要注意了。

### 📠 法律传真：

《刑法》第 174 条第 1 款规定：未经国家有关主管部门批准，擅自设立商业银行、证券交易所、期货交易所、证券公司、期货经纪公司、保险公司或者其他金融机构的，处三年以下有期徒刑或者拘役，并处或者单处二万元以上二十万元以下罚金；情节严重的，处三年以上十年以下有期徒刑，并处五万元以上五十万元以下罚金。

## ☞ 相关链接：

### 1. 如何区分罪与非罪的界限？

有些商业银行、证券交易所、期货交易所、证券公司、期货经纪公司、保险公司或者其他金融机构为了扩大业务，不向主管机关申报而擅自设立营业网点，增设分支机构，或者虽向主管机关申报，在主管机关未批准前就擅自设立分支机构进行营业活动，这些行为都是违法的，但是这种商业银行或者其他金融机构擅自设立分支机构的行为与擅自设立商业银行或者其他金融机构行为在性质上是不同的。因此，对商业银行、证券交易所、期货交易所、证券公司、期货经纪公司、保险公司或者其他金融机构擅自设立分支机构的行为不能作为犯罪处理。

该罪的立案标准是，未经中国人民银行等国家有关主管部门批准，擅自设立金融机构，涉嫌下列情形之一的，应予追诉：一是擅自设立商业银行、证券、期货、保险机构及其他金融机构的；二是擅自设立商业银行、证券、期货、保险机构及其他金融机构筹备组织的。

### 2. 如何认定此类犯罪行为？

（1）本罪主体是一般主体。侵犯的客体是国家的金融管理秩序。金融机构的设立、开业需经国家有关管理部门严格审批，擅自设立、开业便构成本罪。单位犯本罪的，对单位和有关人员实行双罚。

（2）本罪在主观方面必须是故意，过失不构成本罪。

（3）本罪属于行为犯，只要一经设立，对外挂牌，就构成本罪，盈亏均不影响本罪的成立。

（4）行为人犯本罪后，随即非法吸收公众存款或是为了集资诈骗，其行为即同时触犯其他罪名，应按牵连犯的处罚原则，从一重罪处罚，而不并罚。

（5）《刑法修正案》将《刑法》第174条"经人民银行批准"，改为"国家有关部门批准"，是因为我国金融机构的批准权已发生变化，如证券交易所、期货交易所均已由中国证监会审批，保险公司由中国保险监督管理委员会审批。

（6）"擅自设立"，是指没有取得金融业务管理资格的单位和个人。有资格的金融机构擅立分支机构，只可进行行政处罚，不属犯罪。

（7）本罪同"非法吸收公众存款罪"有密切联系，研究确定彼罪时，要结合本罪的说明进行联系分析。

# 高利转贷罪

GAOLIZHUANDAIZUI

# 案例 1　套取贷款本不应该，转贷他人终获此罪

## 🔍 案情扫描一：

被告张某原系某银行客户经理，2005 年 6、7 月间，张某利用职务便利，用她本人及他人的客户信用证，以购车、购房等为由，套取贷款 57 万元，按银行月利率 6.96‰结付利息。7 月中旬，张某将套取的贷款 57 万元与自筹的 13 万元，共 70 万元转贷给刘某，约定借款期限 3 个月，利息为 15 万元。到期后，刘某先后向张某结付利息 15 万元。随后，双方又约定将本金续借至 2006 年 2 月，利息为 10 万元。后张某先后归还了向某银行所贷的借款 57 万元及利息。2006 年 12 月，公安机关在侦查刘某涉嫌非法出让土地使用权一案中，发现刘某向张某借款 70 万元，遂对张某调查询问，张某主动交代了高利转贷的犯罪事实。次日，公安机关即立案侦查，2007 年 1 月 12 日被依法逮捕。案发后，张某退出了全部违法所得。5 月 18 日，被告人张某被一审判决犯高利转贷罪，判处有期徒刑 1 年，缓刑 2 年，并处罚金人民币 15 万元，并没收违法所得。

## 🔍 案情扫描二：

刘某任 A 市盛乾商业集团有限公司（以下简称盛乾公司）董事长兼总经理，陈某任副总经理。1997 年 1 月 30 日，刘某想出高利转贷"妙招"——以盛乾公司名义先从银行低息借款，然后高息转借给他人，从中获取利息差价。当刘某将"妙招"向陈某和盘抛出时，两人的想法竟不谋而合。经刘某和陈某多方张罗，截至 1997 年 9 月 9 日，盛乾公司以白糖销售货款回笼及自筹款偿还借款为由，先后从某行 A 分行贷得相关款项 1300 万元，此后盛乾公司以购买白糖定金的形式全部转贷给 B 县糖厂，期间，盛乾公司从 B 县糖厂获取非法利益 828 万多元。案发后，刘某、陈某因犯高利转贷罪被 B 县人民法院分别判处有期徒刑 3 年和 1 年 6 个月。

## ⚖️ 法律析疑：

案情扫描一：高利转贷罪要求行为人有两个行为：套取行为和转贷行为。具体而言，就是行为人采取虚构贷款项目等手段，套得银行的贷款再转而贷给他人，从中赚取利息差。构成该罪就应当有以上两个行为，仅有套取行为是不能构成本罪的。此外，行为人套取的对象仅包括银行的信贷资金，民间借贷并未纳入刑法所规制的范围。并且行为人的转贷不是一般的转贷，而是高利转贷。本罪既可以由个人构成，也可以由单位构成。但是在刑事责任的承担上，两者有所不同，这体现在两方面：一是起刑点不同，根据相关司法解释，个人的违法所得数额较大是在五万元以上，单位的违法所得数额较大是在十万元以上；二是对于单位犯罪中个人的刑事责任，刑法做了有别于个人犯罪中个人的刑事责任的规定，即单位直接负责的主管人员和其他直接责任人员，不管单位违法所得数额是较大还是巨大，都是按个人犯罪中违法所得数额较大的刑事责任论处。本案中，张某利用自身职务便利，以转贷牟利为目的，套取金融信贷资金高利转贷他人，违法所得数额较大，法院判决合法合理。

案情扫描二：高利转贷罪，是指违反国家规定，以转贷牟利为目的，套取金融机构信贷资金高利转贷他人，违法所得数额较大的行为。这里应当指出的是，当前存在一些企业打"擦边球"的现象，即从银行贷出资金后由于未能立即投入使用而成为闲置资金，为了减少利息损失并获取一定利益，这些企业就将贷款所得资金借与他人，并收取高额利息。虽然这些企业在贷款时并未有转贷牟利的目的，但是后来其将贷款擅自借与他人，并收取高额利息的行为已经和高利转贷罪的构成要件完全相符，构成高利转贷罪了。"刘某"曾因涉嫌职务经济犯罪被 A 市公安、税务、检察、纪检等机关分别立案调查。在 B 县人民检察院审查起诉刘某、陈某涉嫌高利转贷犯罪期间，办案干警敏锐地发现，盛乾公司与武宣县糖厂双方往来账目数据不相符，已经涉嫌职务犯罪行为，而且数额不小。经检察机关侦查，从 1998 年至 2001 年间，刘某、陈某以盛乾公司与 B 县糖厂签订订购白糖为幌子，套取银行信贷资金转贷给武宣县糖厂，在实施高利转贷违法经营活动中，刘某、陈某对其公司隐瞒了武宣县糖厂每年度无偿补偿 100 吨白糖收入的事实，而自己却以承包为名，将本属于公司所得的 400 吨白糖款侵吞为己有，刘某从中侵吞公款 79.50 万元，陈某侵吞公款 9 万元。刘某、陈某实施的高利转贷及贪污犯罪，因管辖等问题的争议，从立案侦查、起诉到法院终审判决，历时近 4 年的时间，期间多次出现反复。2003 年 4 月，刘某、陈某因犯高利转贷罪被 B 县人民法院分别判处有期徒刑 3 年和 1 年 6 个月。后经法院二审终结，维持了 B 县法院的一审判决。

（浙江力汇律师事务所主任律师：金琴云）

## 案例2　"服务费"之名掩盖不了"高利"的实质

### 🔍 案情扫描：

2008年4月，甲有限公司员工曹某得知乙物业管理有限公司急需资金还债，但因经营状况不佳无法向银行申请贷款后，即与甲公司法定代表人周某、乙公司法定代表人陈某共谋，由甲公司向银行申请贷款1000万元，以到期银行实际利率转贷乙使用，并从中将90万元作为应归还银行的到期利息（届时多余部分将退还给乙），97万元作为乙公司支付给甲公司的"服务费"（其中7万元给被告人曹某），30万元作为乙公司归还本金的保证金先予扣除。根据最高人民检察院、公安部《关于经济犯罪案件追诉标准的规定》第23条规定的追诉标准，司法机关对本案以高利转贷罪追究刑事责任。

### ⚖️ 法律析疑：

在刑法上，对高利转贷中的"高利"，应从本质上正确把握。具体来说，只要行为人以转贷牟利为目的，将所套取金融机构信贷资金转贷他人，并在支付金融机构利息后仍有盈余报酬的，即属于"高利"转贷行为；如果该盈余报酬金额达到法定追诉标准，则应当以高利转贷罪追究刑事责任。是否明确以"利息"方式收取或者以银行的实际年利率计算，并不影响本罪的成立。

（一）从行为的本质看。行为人对转贷资金无论是直接向借款人收取高于金融机构的利息，还是在收取与金融机构相同利息的同时又以其他名义另行收取费用，其中的利息和费用在本质上均是借款人因使用转贷资金而支付的报酬。区别在于前一种情况下，行为人是将本应由行为人支付而因转贷由借款人代为承担的金融机构利息和借款人因借用资金而应支付给行为人的报酬，以同一名义一并收取；而在后一种情况中，行为人是以不同的名义分开收取。但无论收取的形式有何不同，在本质上都包含了借款人对转贷行为人所支付的额外承担的报酬。相应地，在刑法上也就不应对本质相同的这两种情形一个认定为"高利"，一个却不认定为"高利"。

（二）从法律的依据看。《刑法》第175条对高利转贷罪的罪状表述，仅仅规定了"高利转贷给他人"，并没有将"高利"中的"利"明确否定为以"利息"方式收取。而且，构成本罪所要求的"违法所得数额较大"，实际上就是指高利转贷所得报酬与应支付给金融机构贷款利息的差额。因此，将贷款人因借出资本而以各种名义获取的报酬，在扣除应归还金融机构利息后的盈余部分，一并认定为"高利转贷"中的"高利"，有充分的刑法依据。

（三）从危害的后果看。行为人将所套取的金融机构信贷资金转贷给他人，只要系以转贷牟利为目的，且在扣除金融机构利息后从中获取实际利益，无论该利益是否以"利息"形式收取，其本质上都是利用金融机构信贷资金谋取非法利益、侵害国家金融信贷资金管理制度的行为，区别仅在于所谋取的非法利益在名义上的表现形式有所不同。

本案中，被告单位和被告人在借款协议中与借款人乙公司约定，借款利息以被告单位向银行贷款的到期实际年利率为准计算，并特别约定先期扣除的利息中多余部分将退还给乙。表面看来，被告单位和被告人仅仅是将贷款转借给乙，由乙公司来支付相应的银行利息。但是与一般的转借不同的是，该借款协议中还明确约定了97万元的"服务费"。换言之，乙公司不仅要代被告单位和被告人向银行缴纳相应利息，还要向其支付额外费用。尽管该"服务费"不是以利息的名义约定，但是它确是被告单位与被告人因转贷而获取的报酬，因此，应属于高利转贷中"利"的范畴。

（浙江力汇律师事务所主任律师：金琴云）

## 📠 法律传真：

《刑法》第 175 条第 1 款、第 2 款规定：以转贷牟利为目的，套取金融机构信贷资金高利转贷他人，违法所得数额较大的，处三年以下有期徒刑或者拘役，并处违法所得一倍以上五倍以下罚金；数额巨大的，处三年以上七年以下有期徒刑，并处违法所得一倍以上五倍以下罚金。

单位犯前款罪的，对单位判处罚金，并对其直接负责的主管人员和其他直接责任人员，处三年以下有期徒刑或者拘役。

## ● 案后启示

### 👉 相关链接：

#### 1. 如何认定此类犯罪行为？

（1）本罪主体为特殊主体，即具有信贷资格、已获得信贷资金的个人或单位。这一点对确定本罪十分重要。如何确定本罪意义上的"借款人"，可以参阅 1996 年 6 月 28 日中国人民银行发布的《贷款通则》。

（2）本罪主观方面是故意，并以转贷牟利为目的。

（3）本罪侵犯的直接客体是国家金融管理部门和金融机构对信贷资金的管理秩序以及金融机构信贷资金。

（4）本罪的外在表现特征为：借款人在依正常程序贷得金融机构信贷资金后，以转贷为目的，将贷款高利转贷他人。

（5）本罪为结果犯，有非法获利并数额较大才构成犯罪。

## 2. 金融机构工作人员利用职务上的便利套取本单位的信贷资金高利转贷他人如何定性？

对于非国有金融机构的工作人员利用职务上的便利套取本单位的信贷资金高利转贷他人，一般都认为是构成高利转贷罪，这没有大的争议。但对于国有金融机构工作人员利用职务上的便利套取本单位的信贷资金高利转贷他人如何定性却存在争议。有人认为这应当定为贪污罪，因为行为人是受国有公司委托管理国有财产的人员，其利用职务上的便利，以骗取的手段非法占有公共财物，属于典型的贪污行为。我们认为，还是应定性为高利转贷罪为妥。因为贪污罪的犯罪手段虽然多样化，但不包括原贪污罪规定的套取、强索和收受贿赂的行为，并且尽管行为人是利用职务上的便利，获得了以正常途径无法获得的贷款，有以权谋私的意味，但是其行为却只侵犯了国家工作人员的职务廉洁性，没有侵犯公共财产的所有权。而其国有金融机构工作人员的身份，只能是量刑时的酌定情节。因而，金融机构工作人员利用职务上的便利套取本单位的信贷资金高利转贷他人，无论其金融机构的性质如何，只能定性为高利转贷罪。

# 非法吸收公众存款罪

FEIFAXISHOUGONGZHONGCUNKUANZUI

# 案例 1　公司涉嫌吸收公众存款，
## 夫妇双双被判徒刑

## 🔍 案情扫描：

　　2004 年 5 月至 2007 年 6 月，被告人王某、王甲（女）夫妇以所经营的 C 市龙坤工贸有限公司需要资金周转为由，许诺支付 2% 或 2.5% 的月息，先后向 23 人借款 218.66 万元，用于经营汽车生意及代理销售林河酒生意。截至案发，已支付利息 50 余万元，除用现金及物资抵款归还 120 余万元外，尚有 11 人 90 余万元无法偿还。C 市 E 区人民法院审理认为被告人的行为已经超出了合法的民间借贷的范围，并且不符合单位犯罪的特征，其非法吸收公众存款数额应属巨大，故认定二者构成非法吸收公众存款罪，分别判处两人有期徒刑 4 年、3 年缓刑 4 年执行，各处罚金人民币 50000 元。

## ⚖️ 法律析疑：

　　本案在审理过程中争论的焦点在于两被告人的行为是否属于民间借

贷。首先，民间借贷是指公民之间、公民与法人之间、公民与其他组织之间借贷。一般而言，民间借贷只要在法律允许的范围内就是合法的。民间借贷具体来说可以分为民间个人借贷活动和公民与金融企业之间的借贷。民间个人借贷活动必须严格遵守国家法律、行政法规的有关规定，遵循自愿互助、诚实信用原则。出借人的资金必须是属于其合法收入的自有资金，借贷利率由借贷双方协商确定，但不得超过国家规定。公民与企业之间的借贷，只要双方当事人意思表示真实即可认定有效。其次，非法吸收公众存款罪是指非法吸收公众存款或者变相吸收公众存款，扰乱金融秩序的行为。本罪侵犯的客体是国家的金融管理制度，客观方面表现为以不法或者变相提高存款利率的方式吸收存款、依法无资格从事吸收公众存款业务的单位非法吸收公众存款，扰乱金融秩序的行为，主体包括单位主体和自然人主体，主观方面表现为故意。

两者在日常生活中可能出现界限模糊的情况，故需要明确地区分二者之间的差异，具体表现在以下两方面：

第一，借贷范围的不同：前者针对的是少数个人或者是特定的对象，而后者的借贷对象存在广延性，亦即借贷的范围为具有不特定性，面对的是不特定的社会公众。

第二，利率的高低不同：前者的利率一般较低，且是在法律规定的银行同期贷款利率的四倍之内；而后者的利率超过了法律规定的利率最高限额。

结合本案具体内容来看，被告人王某以借款名义，许以高出银行利率的利息面向社会不特定的众多对象吸收存款，且造成存款人 90 余万元无法偿还，扰乱了国家金融管理秩序，其行为已经超出了民间借贷的范围，已然构成非法吸收公众存款罪。

（浙江神仙居律师事务所执行主任律师：周荣中）

# 案例 2　以高额利率为诱饵，以人身自由为代价

## 🔍 案情扫描：

2008 年 1 月至 2009 年 3、4 月间，被告人袁某擅自以某投资咨询有限公司的名义，以每月支付百分之二、百分之一点五的高额利率为诱饵，先后自十余人处吸收现金存款共计 106 万元、取得信用卡十余张（信用额度共计为 85.7 万元）。被告人袁某将上述现金存款及利用信用卡套现所得款项，用于个人炒股、支付公众存款利息及个人经营活动等。至案发时，尚有现金存款（本金）69 万元、信用卡透支额 77 万余元未归还。检察院以被告人袁某涉嫌非法吸收公众存款罪向法院提起公诉。2010 年 5 月 25 日，法院依法一审判决，被告人袁某犯非法吸收公众存款罪，判处有期徒刑 4 年，罚金人民币 5 万元。

## ⚖️ 法律析疑：

非法吸收公众存款罪有以下几点特征：（1）公开性。该罪本身的特征决定了其必须在一定范围内通过一定媒介，如媒体、互联网、推介

会、传单、手机短信、口口相传等途径向社会公开宣传，否则无法让社会公众知道，犯罪行为难以达到目的。（2）犯罪对象的不特定性。即构成非法吸收公众存款罪，必须向社会不特定对象即社会公众筹集资金。如仅仅是在本单位职工内部筹集资金，或者是在亲友内部针对特定对象筹集资金的，即使筹集的资金数额再大，也不构成非法吸收公众存款罪。（3）还本付息的承诺。即行为人承诺在一定期限内以货币、实物等方式还本付息或者给付高额回报。这也是非法吸收公众存款罪的应有之义，只有承诺一定期限内还本付息，才符合"存款"的特征，如果没有还本付息的承诺，就不具有"存款"的特征，行为就不构成非法吸收公众存款罪。有一种观点认为本案中被告触犯集资诈骗罪，但集资诈骗罪要求嫌疑人有将集资款占为己有的故意。本案中被告人将部分款项用于归还公众的本金和利息，另一部分用于个人经营活动等，这说明被告人没有将款项据为己有的故意，如果将已归还的部分定非法吸收公众存款罪，将未归还的部分定集资诈骗罪，有不妥之处，因为被告人将另一部分资金用于经营活动，这恰好说明被告人没有将所借款项占为己有的故意。

（浙江神仙居律师事务所执行主任律师：周荣中）

## 案例3 假借明目吸收存款，骗人害己终获罪

### 🔍 案情扫描：

2011 年 9 月至 2012 年 2 月期间，A 市杨氏夫妻推出所谓的"异业结盟"、"番茄屋"联营模式，号称投资者可以分期分红，投资回报率接近 100%，半年内竟骗得 400 多人信任，吸收公众存款 2700 多万元。2012 年 10 月，A 市法院对这宗非法吸收公众存款案件作出一审判决，判处被告人杨某有期徒刑 8 年，处罚金 40 万元；被告人李某有期徒刑 5 年 6 个月，处罚金 30 万元。

### ⚖️ 法律析疑：

根据刑法规定，非法吸收公众存款或者变相吸收公众存款，扰乱金融秩序的，构成非法吸收公众存款罪。企业正常生产经营活动需要资金时，往往需要吸收单位或亲朋以外不特定对象的存款。实践中由于对亲朋的法律界定本来就比较模糊，行为人因为一时的资金短缺，没能及时归还所吸存款或由于其他原因，就有可能构成该罪而被刑事处罚。因此

最高人民法院《关于审理非法集资刑事案件具体应用法律若干问题的解释》第1条中明确规定要同时具备四个条件才能认定为非法吸收公众存款罪：一是未经有关部门依法批准或者借用合法经营的形式吸收资金；二是通过媒体、推介会、传单、手机短信等途径向社会公开宣传；三是承诺在一定期限内以货币、实物、股权等方式还本付息或者给付回报；四是向社会公众即社会不特定对象吸收资金。而未向社会公开宣传，仅在亲友或者单位内部针对特定对象吸收资金的，不属于非法吸收或者变相吸收公众存款。

（浙江神仙居律师事务所执行主任律师：周荣中）

## ●案后启示

### 防范提示：

非法吸收公众存款罪的表现形式多种多样，难以穷尽，有代表性的表现形式有：（1）不具有真实销售内容或者不以房产销售为主要目的，以返本销售、售后包租、约定回购、销售房屋产权份额等形式向社会公众吸收资金。（2）以销售商品、提供服务为名，不提供商品、服务或者所提供商品、服务的价格明显高于市场价格，通过承诺回购、代为销售等方式向社会公众吸收资金。（3）以投资入股、委托理财等形式，通过公开宣传并承诺高额回报向社会公众吸收资金等。因此，相关职能部门应密切注意民间非法经济活动的走向，发现苗头应及早介入调查。一是要加强宣传教育，提高公民的法律意识。通过各种媒体，运用各种手段，大力宣传有关的法律规定、典型案例、现实危害、防范措施等，形成良好的法制环境和社会氛围，特别是要使广大人民群众理性对待投资行为。二是深化金融体制改革，健全金融体系。降低中小企业尤其是小微企业的融资门坎，在保证正常有序的金融秩序下，正确引导民间资本，使其公开化和规范化，促进经济发展。三是要加强防控、预警。研究规律、掌握动态及时向政府及有关部门提供相关预警信息，共同研究防范对策。

## 📠 法律传真：

《刑法》第 176 条规定：非法吸收公众存款或者变相吸收公众存款，扰乱金融秩序的，处三年以下有期徒刑或者拘役，并处或者单处二万元以上二十万元以下罚金；数额巨大或者有其他严重情节的，处三年以上十年以下有期徒刑，并处五万元以上五十万元以下罚金。

单位犯前款罪的，对单位判处罚金，并对其直接负责的主管人员和其他直接责任人员，依照前款的规定处罚。

## 👉 相关链接：

### 1. 如何区分罪与非罪的界限？

在司法实践中，争议较大的是构成非法吸收公众存款罪特征是行为人"面向社会，吸收公众存款"，而什么是公众存款，什么是代表公众的"不特定对象"，实践中争议相当大，很容易混淆界限。从目前全国比较典型的案例分析，以经营为目的的民间借贷，在实践中常常界定为民间借贷性质，在民事规范上并不发生冲突，其行为完全可以用民法来调整，用不着刑法来调整。

理由一：《合同法》规定，建立在真实意愿基础上的民间借款合同受法律保护，最高人民法院《关于人民法院审理借贷案件的若干意见》第 6 条规定，民间借贷的利率可以在超过银行同类贷款利率的四倍以下范围内适当高于银行的利率。1999 年 1 月 26 日发布的最高人民法院《关于如何确认公民与企业之间借贷行为效力问题的批复》规定，公民与非金融企业之间的借贷属于民间借贷，只要双方当事人意思表示真实即可认定有效。因此，对超出银行同类贷款利率四倍以上部分，人民法院不予保护。而不能将违法行为当作犯罪行为来对待。

理由二：行为人与相对人而言，在不能按期还款的情况下，相对人完全可以以债权人身份凭据借条向人民法院提起诉讼，主张债权。法院在受理此类案件时，经审查符合《民事诉讼法》第 109 条起诉的法定条件，便可依法审理并作出裁判。行为人对裁判后承担的后果是民事责任，除非涉嫌《刑法》第 313 条拒不执行法院判决、裁定罪才有可能构成犯罪，但也构不成非法吸收公众存款罪。

理由三：从借款用途分析，如果行为人主观上没有侵犯国家金融管理制度的动机，行为上也没有实施发放贷款，其借款的用途是投资办企业或生产经营活动，行为人对每笔债务均持有借有还的态度。这对许多大、中、小型企业来说，应当是一件好事，它弥补了银行无力贷款的缺陷，激活了市场经济，促进了国民经济的发展。这种现象的发生，行为人都不会想到在实施犯罪。所以从借款用途上可以区分其行为是否与国家金融制度相对立，进而区别罪与非罪。

## 2. 如何区分此罪与彼罪的界限？

一是与非法经营罪的区别：非法吸收公众存款罪和非法经营罪之间存在一定的竞合关系，主要体现在未经批准，非法从事银行业务的，构成非法经营罪。但是，《刑法》第 176 条对非法吸收公众存款的行为以特别条款的形式作了规定，非法吸收公众存款罪和非法经营罪之间形成特别法和普通法的竞合关系，非法吸收公众存款的行为在一般情况下应当适用特别法，即以非法吸收公众存款罪处罚。但是，应注意的一点是，犯罪行为以特别法——非法吸收公众存款罪处罚，并且以该罪能够对犯罪行为进行全面整体评价为原则，如果行为虽然构成非法吸收公众存款罪，但该罪只能对犯罪行为进行部分评价，不能涵括犯罪行为的整体，而适用非法经营罪能够对行为进行整体评价，则要适用非法经营罪。

二是与集资诈骗罪的区别：两者的区别主要表现在犯罪的主观故意不同，集资诈骗罪是行为人采用虚构事实、隐瞒真相的方法意图永久非法占有社会不特定公众的资金，具有非法占有的主观故意；而非法吸收公众存款罪行为人只是临时占用投资人的资金，行为人承诺而且也意图还本付息。（1）从筹集资金的目的和用途看，如果向社会公众筹集资金的目的是用于生产经营，并且实际上全部或者大部分的资金也是用于生产经营，则定非法吸收公众存款罪的可能性更大一些；如果向社会公众筹集资金的目的是用于个人挥霍，或者用于偿还个人债务，或者用于单位或个人拆东墙补西墙，则定集资诈骗罪的可能性更大一些。（2）从单位的经济能力和经营状况来看，如果单位有正常业务，经济能力较强，在向社会公众筹集资金时具有偿还能力，则定非法吸收公众存款罪的可能性更大一些；如果单位本身就是皮包公司，或者已经资不抵债，没有正常稳定的业务，则定集资诈骗的可能性更大一些。（3）从造成的后果来看，如果非法筹集的资金在案发前全部或者大部分没有归还，造成投资人重大经济损失，则定集资诈骗罪的可能性更大一些，如果非法筹集的资金在案发前全部或者大部分已经归还，则定集资诈骗罪的余地就非常小，一般应定非法吸收公众存款罪。（4）从案发后的归还能力看，如果案发后行为人具有归还能力，并且积极筹集资金实际归还了全部或者大部分资金，则具有定非法吸收公众存款罪的可能性；如果案发后行为人没有归还能力，而且全部或者大部分资金没有实际归还，则具有定集资诈骗罪的可能性。

**3. 相关法律、法规规定：**

（1）《中华人民共和国商业银行法》（2003 年 12 月 27 日修正）第八十一条

未经国务院银行业监督管理机构批准，擅自设立商业银行，或者非法吸收公众存款、变相吸收公众存款，构成犯罪的，依法追究刑事责任；并由国务院银行业监督管理机构予以取缔。

（2）《非法金融机构和非法金融业务活动取缔办法》

第二条　任何非法金融机构和非法金融业务活动，必须予以取缔。

第四条　办法所称非法金融业务活动，是指未经中国人民银行批准，擅自从事的下列活动：①非法吸收公众存款或者变相吸收公众存款；②未经依法批准，以任何名义向社会不特定对象进行的非法集资；前款所称非法吸收公众存款，是指未经中国人民银行批准，向社会不特定对象吸收资金，出具凭证，承诺在一定期限内还本付息的活动；所称变相吸收公众存款，是指未经中国人民银行批准，不以吸收公众存款的名义，向社会不特定对象吸收资金，但承诺履行的义务与吸收公众存款性质相同的活动。

第二十二条　设立非法金融机构或者从事非法金融业务活动，构成犯罪的，依法追究刑事责任；尚不构成犯罪的，由中国人民银行没收非法所得，并处非法所得 1 倍以上 5 倍以下的罚款；没有非法所得的，处 10 万元以上 50 万元以下的罚款。

（3）最高人民检察院、公安部《关于公安机关管辖的刑事案件立案追诉标准的规定（二）》（2010 年 5 月 7 日）

第二十八条〔非法吸收公众存款案（刑法第一百七十六条）〕 非法吸收公众存款或者变相吸收公众存款，扰乱金融秩序，涉嫌下列情形之一的，应予立案追诉：

（一）个人非法吸收或者变相吸收公众存款数额在二十万元以上的，单位非法吸收或者变相吸收公众存款数额在一百万元以上的；

（二）个人非法吸收或者变相吸收公众存款三十户以上的，单位非法吸收或者变相吸收公众存款一百五十户以上的；

（三）个人非法吸收或者变相吸收公众存款给存款人造成直接经济损失数额在十万元以上的，单位非法吸收或者变相吸收公众存款给存款人造成直接经济损失数额在五十万元以上的；

（四）造成恶劣社会影响的；

（五）其他扰乱金融秩序情节严重的情形。

# 伪造、变造金融票证罪

WEIZAO、BIANZAOJINRONGPIAOZHENGZUI

## 案例 1　涂改存折取钱，报案被抓判罪

### 🔍 案情扫描：

1998 年 10 月 18 日，被告人王某在某县银行存款 130 元，至 11 月 25 日已两次支取 125 元，存折上余额为 5 元。1999 年 6 月 29 日，被告人王某在自己家中将存折上存款余额涂改为 10805 元。同年 7 月 1 日上午 10 时许，王持涂改后的存折到本县城关一发廊按摩嫖娼，结账时无现金支付，便同发廊老板、卖淫女三人乘三轮车到市银行取款，银行工作人员发现存折被涂改后即报警，公安人员遂将王某抓获。法院判决被告人王某犯变造金融票证罪，判处有期徒刑 2 年，并处罚金人民币 2 万元。

### ⚖ 法律析疑：

伪造、变造金融票证罪，是指伪造、变造汇票、本票、支票，伪造、变造委托收款凭证、汇款凭证、银行存单等其他银行结算凭证，伪造、变造信用证或者附随的单据、文件或者伪造信用卡的行为。本案中的存折是金融票证的一种。被告人以牟取不正当利益为目的，以真实的

金融凭证为基础，采取涂改存款余额的手段，改变金融凭证的内容。主观上表现为故意，客观上实施了涂改存单上存款余额的行为，其行为构成伪造金融票证罪。

（浙江神仙居律师事务所执行主任律师：周荣中）

# 案例2 读卡不能敛财，入狱自找"捷径"

## 🔍 案情扫描：

2010年年初时，曾某和表弟曾某某从家乡农村来到B市务工，但因文化程度低，始终没能找到合适的工作。3月初，曾某在同乡聚会时偶然听说，市面上出售一种读卡器，能将银行卡信息复制到普通磁卡上。只要事先复制信息，就能在银行卡丢失后避免补办麻烦。不久，曾某与表弟曾某某商议出一条敛财"捷径"，即事先通过他人购买一个读卡器、一台针孔摄像机和4张磁卡，并前往某汽车服务有限公司租用了一辆丰田轿车。3月25日晚，两人驾车前往市区，将事先购买的读卡器、针孔摄像机等设备安装在甲银行B市支行新区分理处的自助服务终端上，先后窃取陆某、朱某等人的银行卡信息，并通过复制信息伪造了4张信用卡。次日凌晨，两人驾车来到乙银行D市一分理处的自动取款机上使用伪造磁卡取钱，因形迹可疑引起值班巡警注意，二人在躲避盘查夺路逃跑时被抓获。法院审理后认为，被告人曾某、曾某某共同伪造信用卡4张，其行为已构成伪造金融票证罪。在伪造金融票证共同犯罪过程中，两人均起主要作用，均系主犯，遂判处曾某有期徒刑3年3

个月，并处罚金 3 万元；判处曾某某有期徒刑 3 年，并处罚金 2.8 万元。

## ⚖ 法律析疑：

信用卡作为持卡人在银行存款和在商店信用消费的金融凭证，是现代金融管理活动的重要媒介，也是持卡人行使财产权利的重要手段。维护信用卡使用的安全，既是维护金融管理的正常活动，也是维护持卡人的合法财产权利。本案中两位被告人以牟取不正当利益为目的，采取技术手段复制他人信用卡，主观上表现为故意，其行为构成伪造金融票证罪。值得注意的是，如果伪造信用卡并使用，达到数额较大的标准的，就属于信用卡诈骗罪了。根据 1996 年最高人民法院《关于审理诈骗案件具体应用法律若干问题的解释》规定，个人诈骗数额较大是指 2000 元以上。本案中两被告未成功使用伪造的信用卡，所以不能按信用卡诈骗罪处理。如果两被告成功使用伪造的信用卡达 2000 元以上，则按牵连犯从一重罪处理，即只认定信用卡诈骗罪。

（浙江神仙居律师事务所执行主任律师：周荣中）

## ● 案后启示

## 💡 防范提示：

防止信用卡被伪造，为卡友们介绍三招：第一，在办理并开通使用信用卡时，最好设置密码，一般来说，不法分子伪造的都是没有设置密码的信用卡，因为容易伪造，而且只要磁条可以感应，一般商户很少留意卡的真伪。第二，在没有使用信用卡但收到消费短信时，认准银行的官方客服电话号码，确认短信真伪后第一时间报警。第三，做好信用卡保管工作，不随便借予他人，避免丢失，不随意向他人泄露个人信息。

## 法律传真：

《刑法》第 177 条规定：有下列情形之一，伪造、变造金融票证的，处五年以下有期徒刑或者拘役，并处或者单处二万元以上二十万元以下罚金；情节严重的，处五年以上十年以下有期徒刑，并处五万元以上五十万元以下罚金；情节特别严重的，处十年以上有期徒刑或者无期徒刑，并处五万元以上五十万元以下罚金或者没收财产：

（一）伪造、变造汇票、本票、支票的；

（二）伪造、变造委托收款凭证、汇款凭证、银行存单等其他银行结算凭证的；

（三）伪造、变造信用证或者附随的单据、文件的；

（四）伪造信用卡的。

单位犯前款罪的，对单位判处罚金，并对其直接负责的主管人员和其他直接责任人员，依照前款的规定处罚。

## 相关链接：

### 1. 如何区分罪与非罪的界限？

行为人故意伪造、变造金融票证的原则上都构成犯罪，如果行为人是由于过失而误写、错填票证有关内容的当然不能以犯罪论处。同时行为人虽系有意伪造、变造金融票证，但其主观上确实出于自我欣赏、收藏等个人目的，而且客观上也确实没有使票证流通的，可视为《刑法》第 13 条规定的"情节显著轻微危害不大"的情形而不认为构成犯罪。

### 2. 如何认定伪造、变造金融票证罪？

一是本罪主体是一般主体，侵犯的客体是国家金融管理秩序。犯罪对象是金融票据和银行结算凭证。本罪主观上是故意犯罪，界限是以实施该行为即可论罪，不以数额论，数额只是情节之一。单位犯本罪的，对单位和有关人员实行双罚。二是关于"情节严重"、"特别严重"的标准，有待司法解释来确定。三是本罪是新设立的罪名，是把 1979 年《刑法》中伪造有价证券罪中的部分行为分离出来，特别规定为独立的犯罪。

### 3. 如何区分本罪与伪造、变造国家有价证券罪的界限？

一是侵犯的客体和犯罪对象不同。前者侵犯的是国家对金融票证的管理制度，犯罪对象是汇票、支票、本票、委托收款凭证、汇款凭证、银行存单、信用证或者附随的单据、文件，以及信用卡等金融票证；后者侵犯的是国家对一般有价证券的管理制度，犯罪对象是上述金融票证以外的其他有价证券，如国库券、政府债券、股票等。二是两者在客观方面表现不同。后者把数额较大作为构成伪造、变造有价证券罪的要件，前者则否。三是法定刑轻重不同。前者为重，后者为轻。

# 伪造、变造
# 国家有价证券罪

WEIZAO、BIANZAOGUOJIAYOUJIAZHENGQUANZUI

# 案例　印制储蓄存单骗兑现，
## 　　　伪造有价证券脱不了罪

## 🔍 案情扫描：

　　1993 年 7 月至 8 月间，被告人王某与徐某、吕某合谋非法印制某银行 B 市支行定期定额有奖储蓄存单，被告人王某提供了存单样品及印制经费。1993 年 11 月，被告人王某和徐某从吕某处取回伪造的存单 1000 余张，每张面额人民币 100 元，并在存单上分别加盖伪造的 B 市某银行城南和西园两个储蓄所的印章。法院经审理认为，被告人王某非法印制国家银行发行的有价证券，并持伪造的有价证券骗兑银行现金之行为，已构成伪造有价证券罪。判处王某犯伪造有价证券罪，判处有期徒刑 7 年，剥夺政治权利 2 年。

## ⚖ 法律析疑：

　　定期定额有奖储蓄存单是过去的特色产物，而本案也发生于 1997 年《刑法》实施以前，根据 1979 年《刑法》第 123 条 "伪造支票、股票或者其他有价证券的，处七年以下有期徒刑，可以并处罚金"来处罚。有价证券，是支付、汇兑、信贷、清算等金融活动的工具。因此，有价证券必须以财产权利为内容，并以一定的票面货币价值加以表示。国库券、存单、汇款单、支票、股票、债券等均属于有价证券。伪造国家有价证券，是仿造真实有效的有价证券的形状、大小、图案、字样制作的假的有价证券。本案中王某主观上出于直接故意，具有以伪造的有价证券牟取非法利益的目的，客观上采取了与他人合谋伪造定额有奖储蓄存单，并在存单上加盖私刻的储蓄所印章的行为，侵犯了国家证券管理秩序，如若按 1997 年《刑法》处理，同样构成伪造有价证券罪。

（浙江神仙居律师事务所执行主任律师：周荣中）

## ●案后启示

### 法律传真：

《刑法》第 178 条规定：伪造、变造国库券或者国家发行的其他有价证券，数额较大的，处三年以下有期徒刑或者拘役，并处或者单处二万元以上二十万元以下罚金；数额巨大的，处三年以上十年以下有期徒刑，并处五万元以上五十万元以下罚金；数额特别巨大的，处十年以上有期徒刑或者无期徒刑，并处五万元以上五十万元以下罚金或者没收财产。

伪造、变造股票或者公司、企业债券，数额较大的，处三年以下有期徒刑或者拘役，并处或者单处一万元以上十万元以下罚金；数额巨大的，处三年以上十年以下有期徒刑，并处二万元以上二十万元以下罚金。

单位犯前两款罪的，对单位判处罚金，并对其直接负责的主管人员和其他直接责任人员，依照前两款的规定处罚。

☞ **相关链接：**

立案标准 ————————————————————————————

最高人民检察院、公安部《关于公安机关管理的刑事案件立案追诉标准的规定（二）》（2010 年 5 月 7 日）

**第三十二条**〔伪造、变造国家有价证券案（刑法第一百七十八条第一款）〕伪造、变造国库券或者国家发行的其他有价证券，总面额在二千元以上的，应予立案追诉。

**第三十三条**〔伪造、变造股票、公司、企业债券案（刑法第一百七十八条第二款）〕伪造、变造股票或者公司、企业债券，总面额在五千元以上的，应予立案追诉。

# 违法发放贷款罪

WEIFAFAFANGDAIKUANZUI

## 案例1　违规放贷酿大祸，大笔资金难追回

### 🔍 案情扫描：

2003 年 6 月，A 市某公司与某银行支行开展合作个人汽车消费贷款业务。协议书约定：由 A 市某公司寻找客户销售工程机械车辆，某银行支行向客户提供按揭贷款。双方还约定，某银行支行有权审核购车人贷款申请及有关材料，确定是否发放贷款；A 市某公司保证对借款人进行逐户调查，出具借款人情况调查报告并对购车人提供资料的真实性进行审核。A 市某公司在签订、履行与某银行支行的汽车消费借款合同过程中，制作大量虚假借款资料，甚至冒用他人名义签订合同骗取车贷。其中只有一小部分资金用来买车，大部分用于公司投资业务。而某银行支行个人金融业务部原副主任韩某及工作人员佟某、吴某、王某在发放贷款过程中未对某公司贷款用途进行认真审查，未按工作职责对贷款进行实地核查、严格审查借款人的偿还能力。从 2003 年 6 月至 2004 年 12 月仅仅 1 年半的时间内，韩某等人违反法律、法规的规定向某公司发放贷款多达 666 笔，造成某银行支行损失人民币 3.35 亿余元。

法院对 A 市某公司巨额车贷诈骗案一审认定，该公司法定代表人霍某及公司职员王某等人在与某银行支行办理车贷过程中，骗取某银行支行发放贷款 666 笔，共计人民币 3.35 亿余元，法院以犯合同诈骗罪判处霍某无期徒刑，判处王某等 4 人 15 年至 11 年不等的有期徒刑。韩

某、佟某、吴某、王某身为银行工作人员，未按工作职责对贷款进行实地核查，未严格核查借款人的偿还能力，疏于监管，违反法律、行政法规的规定发放贷款，造成特别重大损失，其行为均已构成违法发放贷款罪，依法均应惩处。法院以违法发放贷款罪对4人判处7年至13年不等的有期徒刑。

------------------------------------------

## ⚖ 法律析疑：

　　违法发放贷款罪是指银行或者其他金融机构及其工作人员违反法律、行政法规的规定，玩忽职守或者滥用职权，向关系人以外的其他人发放贷款，造成重大损失的行为。违法发放贷款罪的主体，是特殊主体，只能由中国境内设立的中资商业银行、信托投资公司、企业集团服务公司、金融租赁公司、城乡信用合作社及其他经营贷款业务的金融机构，以及上述金融机构的工作人员构成，其他任何单位包括外资金融机构（含外资、中外合资、外资金融机构的分支机构等）和个人都不能成为违法发放贷款罪的主体。违法发放贷款罪有四个特征：（1）侵犯的客体是国家金融管理制度及贷款相关的规章、制度。（2）在客观方面的表现为：行为人有违反贷款相关的规章、制度、纪律的行为；有违法发放贷款造成国家重大损失的后果发生；行为人违法发放贷款的人是关系人以外的其他人。（3）犯罪主体为特殊主体，即只能是在银行或者其他金融机构工作的人员才能构成本罪主体，该单位也能构成本罪主体。（4）主观上的表现为故意。行为人明知自己的行为是违反国家金融及贷款管理制度而故意为之，并希望或放任这种结果发生。本案中的4名被告人的行为符合了以上四个要件，构成违法发放贷款罪。

　　　　　　　　（浙江神仙居律师事务所执行主任律师：周荣中）

## 案例2 不做调查就放贷，玩忽职守亦为罪

### 🔍 案情扫描：

2003年9月至12月间，某银行N支行原副行长陈某在任职期间，利用分管个人汽车消费贷款和个人综合消费贷款两项业务之便，违反中国人民银行制定的《汽车消费贷款管理办法》和本行制度，代表支行与A物资有限责任公司和C地产经纪有限公司（均为涉案企业）签订了《汽车贷款消费合作协议》和《房产抵押消费贷款合作协议》。双方约定，A和C公司负责对借款人的资信进行调查和确认首付款的缴存，并保证贷款资料的真实性。在贷前调查阶段，两公司的客户经理仅对借

款人资料的完整性进行了审查；在审批过程中，陈某也从未要求客户经理按照规定对借款人的真实情况进行核实。在该行与 A 公司个人汽车消费贷款业务合作过程中，违反法律规定向孟某、席某等人发放个人汽车消费贷款 13 笔，共计人民币 1855.5 万元，造成贷款损失 1363.8 万余元；在与 C 公司个人综合消费贷款业务合作过程中，违反法律规定向王某、唐某等人发放贷款 10 笔，共计人民币 2000 万元，造成贷款损失 1006.8 万余元。此案经法院审理，依法判处陈某有期徒刑 7 年，并处罚金 12 万元。

## ⚖️ 法律析疑：

陈某身为银行工作人员，在审批贷款发放的过程中，没有按照规定对借款人的真实资信进行核查，违反法律和行政法规的规定，向他人发放贷款，数额特别巨大，并造成特别重大的损失，其行为已经构成违法发放贷款罪。这类案件的发生，在银行经营压力日益加大的现代社会具有一定的普遍性。为了加快业务发展，银行通过与第三方合作的方式，由第三方推荐客户批量办理业务。在这种情况下，出于对第三方合作机构的信任或者为了方便合作，银行往往在借款人资料或者放贷流程上给予一定的简化，甚至将对借款人的资信调查全权委托第三方进行，银行仅对借款人资料的完整性作形式审查。这就为借款人造假、骗贷提供了便利条件，最终给银行造成了重大损失。

（浙江神仙居律师事务所执行主任律师：周荣中）

## ● 案后启示

## 💡 防范提示：

一是加大对金融机构工作人员法制宣传教育的力度。加强对重点防范的违法放贷案件高发的业务环节政策制度规定、违法发放贷款罪的认定标准等相关知识的学习宣传。二是完善金融机构内控制度，落实岗位制约及岗位责任。加强对基层机构信贷领域关键风险点的监控检查，加强评估调查、贷款支付等关键环节的流程控制，进一步提升风险预警与防控能力。三是健全违规行为问责机制。按照监管部门的相关规定，对涉案及违规事项进行问责，严肃追究违规失职行为人的责任，惩前毖后、防微杜渐，进一步规范授信业务经营管理。

## 法律传真：

《刑法》第186条规定：银行或者其他金融机构的工作人员违反国家规定发放贷款，数额巨大或者造成重大损失的，处五年以下有期徒刑或者拘役，并处一万元以上十万元以下罚金；数额特别巨大或者造成特别重大损失的，处五年以上有期徒刑，并处二万元以上二十万元以下罚金。

银行或者其他金融机构的工作人员违反国家规定，向关系人发放贷款的，依照前款的规定从重处罚。

单位犯前两款罪的，对单位判处罚金，并对其直接负责的主管人员和其他直接责任人员，依照前两款的规定处罚。

关系人的范围，依照《中华人民共和国商业银行法》和有关金融法规确定。

《刑法》第96条规定：本法所称违反国家规定，是指违反全国人民代表大会及其常务委员会制定的法律和决定，国务院制定的行政法规、规定的行政措施、发布的决定和命令。

## 相关链接：

### 1. 如何区分罪与非罪的界限？

区分违法发放贷款罪与非罪的界限主要应注意考察以下几点：一是行为人是否违反国家规定。如果行为人并未直接违反国家规定，而只是违反所在单位内部规定向借款人发放贷款，该内部规定的内容也没有被国家规定所涵盖，则不能对其追究刑事责任。二是贷款数额是否巨大。

如果数额不属巨大，则不能构成本罪。三是是否造成重大损失。如果未造成重大损失的，不能以本罪论处。

### 2. 如何区分本罪与玩忽职守罪的区别？

玩忽职守罪是指国家工作人员违反职责规定，不履行或者不正确履行自己的职责义务，致使国家和人民利益遭受重大损失的行为。非法发放贷款罪与玩忽职守罪的区别主要是：

（1）侵犯的客体不同。前者侵犯的是国家的金融管理秩序；后者侵犯的是一般国家机关的正常管理活动。

（2）客观方面表现不同。前者表现为玩忽职守或者滥用职权而非法发放贷款的行为，其造成的损失一般指经济损失；后者则只表现为玩忽职守的行为，其造成的损失可能是经济损失，也可能是人身伤亡，还可能是严重的政治影响等。

（3）主体要件不同。前者的主体是中国经营贷款业务的金融机构及其工作人员；后者的主体是一般的国家工作人员，国家机关不能成为主体要件。

（4）主观方面不同。本罪在主观上既可由过失也可由故意构成，而后者只能由过失构成。

### 3. 如何区分本罪与贷款诈骗罪的区别？

贷款诈骗罪是指以非法占有为目的，采用虚构事实或者隐瞒真相的方法，诈骗银行或者其他金融机构的贷款，数额较大的行为。本罪与贷款诈骗罪的主要区别在于：

（1）侵害的客体不同，前者侵害的为国家的金融管理秩序，后者侵害的为金融机构的财产所有权，犯罪对象都是贷款；

（2）客观方面不同，前者属于行为犯或者结果犯，后者只是结果犯；

（3）主体不同，前者既可以是自然人也可以是单位，后者只能是自然人；

（4）主观方面不同，前者既可以是故意也可以是过失，无目的的要求，后者只能是故意，并以非法占有为目的。

**4. 有关违法发放贷款罪的司法解释：**

最高人民法院《全国法院审理金融犯罪案件工作座谈会纪要》（2001 年 1 月）

（1）关于违法向关系人发放贷款罪。银行或者其他金融机构工作人员违反法律、行政法规规定，向关系人以外的其他人发放贷款，造成 10 万～30 万元以上损失的，可以认定为"造成较大损失"；造成 50 万～100 万元以上损失的，可以认定为"造成重大损失"；造成 300 万～500 万元以上损失的，可以认定为"造成特别重大损失"。

由于各地经济发展不平衡，各省、自治区、直辖市高级人民法院可参照上述数额标准或幅度，根据本地的具体情况，确定在本地区掌握的具体标准。

（2）本罪主体是特殊主体，只有银行或金融机构工作人员才能成为本罪主体。构成本罪的前提是"违法"，但不存在关系人问题，只是在放贷中滥用职权或玩忽职守，因此出现重大损失的后果才构成犯罪。

单位犯本罪的，对单位和有关个人实行双罚。

（3）本罪是新设立的罪名，1979 年《刑法》无此规定。本罪行为1979 年《刑法》以"玩忽职守"定罪处罚，由于银行体制变化和加强金融从业人员的制约需要，设立本罪更为科学。

# 用账外客户资金非法拆借、发放贷款罪

YONGZHANGWAIKEHUZIJINFEIFA
CHAIJIE、FAFANGDAIKUANZUI

# 案例　利用职务谋私利，终究还是害自己

## 🔍 案情扫描：

2011 年 4 月至 2012 年 8 月期间，高某利用其担任某银行 L 支行零售业务部经理的职务便利，多次以办理个人委托贷款业务为由，伪造该银行 L 支行零售业务部印章，与客户黄女士签订"××投资宝"报告书，吸收其资金共计人民币 3450 万元。"××投资宝"投资取向为"委托贷款"。但事实上，高某为了赚取利差，并没有将相关资金存入某银行委托贷款指定结算账户，而是将资金私下借贷给林某 2950 万元和李某 500 万元。目前，共收回 1050 万元，借给林某的 2400 万元资金无法收回。此案经法院审理，依法判处其有期徒刑 7 年 6 个月。

## ⚖️ 法律析疑：

用账外客户资金非法拆借、发放贷款罪，是指银行或者金融机构工作人员，以牟利为目的，采取吸收客户资金不入账的方式，将资金用于非法拆借、发放贷款，造成重大损失的行为。高某作为银行工作人员，

为赚取利差，利用其担任支行零售业务部经理的职务便利，吸收客户资金却不入账，私下将资金用于借贷，造成重大损失，其行为已经构成用账外客户资金非法拆借、发放贷款罪。由于这类案件往往发生在银行营业场所，被告人作为银行工作人员，具有极强的迷惑性，受害人容易轻信其吸储行为而将资金直接交由被告人。由于被告人的目的在于赚取利差，其借贷看重的是利率高低，而非借款人的资信情况，一旦借款人无法按期还贷，必然造成存款人资金损失。

（浙江日中天律师事务所主任律师：蔡显俊）

## ● 案后启示

### 防范提示：

首先，要加强营业场所管理，严禁员工在营业场所私自办理业务或收受客户存储资金；其次，要加强法制教育，在醒目位置提示风险，告知储户应将所有存储资金通过柜台入账，不要将资金交由其他任何个人（包括银行工作人员）代为办理入账；此外，还要加强员工思想道德教育，树立依法合规意识，防范道德风险。

### 法律传真：

《刑法》第 187 条规定：银行或者其他金融机构的工作人员吸收客户资金不入账，数额巨大或者造成重大损失的，处五年以下有期徒刑或者拘役，并处二万元以上二十万元以下罚金；数额特别巨大或者造成特别重大损失的，处五年以上有期徒刑，并处五万元以上五十万元以下罚金。

## ☞ 相关链接：

**1. 有关该罪的司法解释：** ————————————————————

最高人民法院《全国法院审理金融犯罪案件工作座谈会纪要》（2001 年 1 月）

银行或者其他金融机构及其工作人员以牟利为目的，采取吸收客户资金不入账的方式，将客户资金用于非法拆借、发放贷款，造成重大损失的，构成用账外客户资金非法拆借、发放贷款罪。以牟利为目的，是指金融机构及其工作人员为本单位或者个人牟利，不具有这种目的，不构成该罪。这里的"牟利"，一般是指谋取用账外客户资金非法拆借、发放贷款所产生的非法收益，如利息、差价等。对于用款人为取得贷款而支付的回扣、手续费等，应根据具体情况分别处理：银行或者其他金融机构用账外客户资金非法拆借、发放贷款，收取的回扣、手续费等，应认定为"牟利"；银行或者其他金融机构的工作人员利用职务上的便利，用账外客户资金非法拆借、发放贷款，收取回扣、手续费等，数额较小的，以"牟利"论处；银行或者其他金融机构的工作人员将用款人支付给单位的回扣、手续费秘密占为己有，数额较大的，以贪污罪定罪处罚；银行或者其他金融机构的工作人员利用职务便利，用账外客户资金非法拆借、发放贷款，索取用款人的财物，或者非法收受其他财物，或者收取回扣、手续费等，数额较大的，以受贿罪定罪处罚。吸收客户资金不入账，是指不记入金融机构的法定存款账目，以逃避国家金融监管，至于是否记入法定账目以外设立的账目，不影响该罪成立。审理银行或者其他金融机构及其工作人员用账外客户资金非法拆借、发放贷款案件，要注意将用账外客户资金非法拆借、发放贷款的行为与挪用公款罪和挪用资金罪区别开来。对于利用职务上的便利，挪用已经记入金融机构法定存款账户的客户资金归个人使用的，或者吸收客户资金不入账，却给客户开具银行存单，客户也认为将款已存入银行，该款却被行为人以个人名义借贷给他人的，均应认定为挪用公款罪或者挪用资金罪。

### 2. 如何认定破坏金融管理秩序相关犯罪数额和情节？

最高人民法院先后颁行了《关于审理伪造货币等案件具体应用法律若干问题的解释》、《关于审理走私刑事案件具体应用法律若干问题的解释》，对伪造货币，走私、出售、购买、运输假币等犯罪的定罪处罚标准以及相关适用法律问题作出了明确规定。为正确执行刑法，在其他有关的司法解释出台之前，对假币犯罪以外的破坏金融管理秩序犯罪的数额和情节，可参照以下标准掌握：

关于用账外客户资金非法拆借、发放贷款罪。对于银行或者其他金融机构工作人员以牟利为目的，采取吸收客户资金不入账的方式，将资金用于非法拆借、发放贷款，造成 50 万~100 万元以上损失的，可以认定为"造成重大损失"；造成 300 万~500 万元以上损失的，可以认定为"造成特别重大损失"。

对于单位实施违法发放贷款和用账外客户资金非法拆借、发放贷款造成损失构成犯罪的数额标准，可按个人实施上述犯罪的数额标准二至四倍掌握。

由于各地经济发展不平衡，各省、自治区、直辖市高级人民法院可参照上述数额标准或幅度，根据本地的具体情况，确定在本地区掌握的具体标准。

# 违规出具金融票证罪

WEIGUICHUJUJINRONGPIAOZHENGZUI

# 案例　违规出具金融票证，自毁前途又入狱

## 案情扫描一：

2008 年 1 月，客户王某找到 A 市某银行行长张某，称他向另外一个房地产公司借款 1000 万元，需要银行作担保。张某想，如果他同意为其担保的话，那么这笔巨款就会在他所在的银行流转，这真是难得的提升业务量的好机会啊，他很爽快地就同意了。不久，王某拿来一份空白还款保函，张某在备注栏处写上：受益人到期如不能按时还款，由银行负连带责任，并无条件支付本金及利息；张某在行长签字处签上自己的名字，还加盖了该银行公章。后来，王某又如法炮制，第二笔的 1000 万元同样是张某以银行的名义进行担保的。经查，张某为王某和房地产公司之间的借款进行担保，没有任何好处，竟然只是为了获得存款，拉大客户。但是，借款到期后，王某并未按合同归还欠款，而是时躲时藏。债权人于是起诉银行，要求银行承担连带保证责任。A 市中级法院判决银行承担连带保证责任。银行的民事责任被确定后，A 市 C 区检察院以张某涉嫌违规出具金融票证罪为由提起公诉。检察院认为，张某违反公司章程规定，未经股东大会决议，以银行名义为上述借款出具还款保函，情节严重，构成违规出具金融票证罪。

## 🔍 案情扫描二：

1996年1月初，某生物公司董事长王某与香港某公司总经理李某以从香港公司进口复合肥生产设备的名义，给香港公司开立信用证，套取现金给生物公司，供王某使用。因生物公司无进口设备权限，故委托D省某国贸公司签订了委托进口设备协议。1996年12月25日和1997年4月25日，国贸公司与香港公司分别签订了590万美元和570万美元两份进口设备合同。随后，王某找到该公司的开户行行长于某和信贷科科长刘某，要求该支行为其提供担保。无担保权的被告人于某同意为其担保，为其出具了590万美元和570万美元的保函，并由行长于某和信贷科科长刘某签名并加盖了公章，为罪犯诈骗提供了方便。用此方法，被告人王某、李某骗取信用证款计1160万美元。法院依法一审判决：被告人王某、李某犯信用证诈骗罪，判处死刑，缓期2年执行，剥夺政治权利终身，并处没收全部个人财产；被告人原行长于某、原信贷科科长刘某明知其所在支行无担保权而违反规定出具担保函，导致重大损失，其行为已构成违规出具金融票证罪。于某犯违规出具金融票证罪，判处有期徒刑7年；刘某犯违规出具金融票证罪、受贿罪，数罪并罚判处其有期徒刑7年。

## 🔍 案情扫描三：

1996年7月，郭某利用其担任甲银行荔园储蓄所副主任的职务便利，盗取两张加盖该所印章的空白存单，为兴发贸易公司虚开分别为3000万元和1000万元的定期储蓄存单，交予该公司法定代表人李某借款。同年8月，李某以3000万元的定期储蓄存单，为C市华丰物资协作公司向D市城市信用联社借款人民币1600万元作担保。同月5日，D市城市信用联社派员到甲银行荔园储蓄所核保时，被告人郭某以甲银行荔园储蓄所的名义，在对方提供的《有价证券抵押贷款暂停付款通知书回执》上签名盖章以确认上述3000万元的定期储蓄存单，致使李某等人从D市城市信用联社以存单形式取得借款人民币1600万元。经法院审查，被告人郭某犯金融机构工作人员违规出具金融票证罪，判处有期徒刑5年。

## ⚖ 法律析疑：

违规出具金融票证罪是指银行或其他金融机构工作人员违反规定为他人出具信用证或其他保函、票据、资信证明，造成较大损失的行为。本罪主体是特殊主体，只有银行或其他金融机构工作人员才能成为本罪主体。本罪侵犯的客体是国家的金融管理秩序及金融机构的财产所有权。单位犯本罪的，对单位和个人实行双罚。本罪主观上是明知和故意的，行为人在出具票证时应以明知为特征，对被他人骗取、丢失而取走的金融票证，不能一概定本罪。本罪为结果犯，以"较大损失"为成立要件。案例中被告人张某、于某、刘某违反规定出具保函，给银行造成了重大损失，很显然已经构成了违规出具金融票证罪。其中让人扼腕的是，案例一中的被告人张某竟然为了提升业务量拉大客户而违规出具金融票证最后导致入罪，可见其法纪观念淡薄，对于自己行为的后果没有清醒的认识，最后是害了自己也给银行造成了损失。

（浙江日中天律师事务所主任律师：蔡显俊）

## ● 案后启示

## 💡 防范提示：

在现代的经济生活中，为了避免交往过程中所带来的各种风险，交往的一方总是希望对方的经济实力强，资信情况好。因为这样表明对方履行合同的能力就越强，做成生意的可信度就更大，所担负的风险就更少。所谓资信，包括一个单位或个人的资金、财力即经济实力与信用两个方面。前者是指经济单位或个人的注册资本、实收资本、公积金以及其他财产和资产负债等方面的情况；后者主要是指经营作风、履约方面的情况。资信情况的好坏，一是看其资产情况的好坏，即是否具有相当客观的资产，经济状况是否良好，履行契约的能力怎样；二是看其是否遵守合同，讲究诚实信用。资信证明，则是一种反映一个单位或个人资金与信用情况的书面证明文件。通过银行开展资信调查，出具资信证明，是银行等金融机构的一项金融业务之一。从狭义上讲，其是指由银行及其他金融机构经过资信调查后，就其资金和信用提供的一种书面情况反映与报告。但从广义上来说，票据、银行存单、房契、地契以及其他各种产权证明，都可以表现为某个单位或个人的资产情况，反映出经济实力、资信能力，从而成为持有人的资信证明。除此之外，由银行以及其他金融机构出具的有关财产方面的委托书、协议书、意向书，亦可反映持有人的资信情况，成为其资信证明。因此，银行在承办保函业务时，必须对申请人的资信情况、经营能力及状况等各方面进行认真的审查，避免为那些资信情况不好、经营状况不佳的客户出具保函。出具时，应要求申请人提供充分的有效质押，密切注意基础交易即申请人与受益人之间的经济交易的执行情况，加强风险防范工作，不得不负责任，草率为之。具体做到：一是加强预防金融票证犯罪知识的普及和对金融机构工作人员的思想宣传教育，使其主观上有正确的认识；二是加强司法部门与金融机构的沟通联系，及时获取金融领域最新业务动态和监管重点，为明确整治金融票证违法犯罪行动的方向和思路提供专业信息保障；三是金融机构内部应健全完善各种监督制约机制，防止违规行为发生；四是加大金融票证犯罪打击力度，使相关人员不敢有侥幸心理，筑牢拒腐防变的心灵堤坝。

---

## 法律传真：

《刑法》第 188 条规定：银行或者其他金融机构的工作人员违反规定，为他人出具信用证或者其他保函、票据、存单、资信证明，情节严重的，处五年以下有期徒刑或者拘役；情节特别严重的，处五年以上有期徒刑。

单位犯前款罪的，对单位判处罚金，并对其直接负责的主管人员和其他直接责任人员，依照前款的规定处罚。

## 👉 相关链接：

**1. 司法机关对该罪有怎样的立案标准？**

最高人民检察院、公安部《关于公安机关管辖的刑事案件立案追诉标准的规定（二）》（2010 年 5 月 7 日）

第四十四条 〔违规出具金融票证案（刑法第一百八十八条）〕银行或者其他金融机构及其工作人员违反规定，为他人出具信用证或者其他保函、票据、存单、资信证明，涉嫌下列情形之一的，应予立案追诉：

（一）违反规定为他人出具信用证或者其他保函、票据、存单、资信证明，数额在一百万元以上的；

（二）违反规定为他人出具信用证或者其他保函、票据、存单、资信证明，造成直接经济损失数额在二十万元以上的；

（三）多次违规出具信用证或者其他保函、票据、存单、资信证明的；

（四）接受贿赂违规出具信用证或者其他保函、票据、存单、资信证明的；

（五）其他情节严重的情形。

**2. 相关说明：**

第一，本罪主体是特殊主体，只有银行或其他金融机构工作人员才能成为本罪主体。本罪侵犯的客体是国家的金融管理秩序及金融机构的财产所有权。单位犯本罪的，对单位和个人实行双罚。

第二，本罪主观上是明知的和故意的，对被他人骗取、丢失或其他需要而取走的金融票证，应根据具体情节具体分析，不能一概定本罪。行为人在出具票证时应以明知为特征。因为保函和证明的效力是知晓的。

第三，本罪为结果犯，以"较大损失"为成立要件。

# 对违法票据承兑、付款、保证罪

# 案例 审核票据不仔细，因此获罪令人叹息

## 🔍 案情扫描：

2003 年 6 月，某公司原经理颜某以投资项目急需资金为由，找时任某银行支行客户部经理的黄某"贷款"。因颜某不具备贷款、担保等资格未能如愿。之后，二人合计先找到款项来源再说。颜某当即便找到某建设管理办公室（以下简称办公室），尔后以高息做诱饵为该办公室引存资金。

6 月 24 日下午，颜某通过他人带该办公室出纳到某银行支行办理开户手续时，蓄意冒充该办公室财务人员在银行印鉴卡上留下了一个假名和自己的手机号码，以便日后"取款"方便。黄某则将该办公室留下的财务专用章印戳交给了颜某。7 月，黄某向颜某透露：该"办公室"已存入 500 万元资金至账户内。颜某与他人伪造了该"办公室"财务专用章和转账支票。而这枚伪造的财务专用章上的"办公室"3 个

115

字，却被误刻成了"办化室"。7月8日颜某将这枚明显有一个错字的"办化室财务专用章"盖在两张虚假转账支票上，并分别填写160万元和300万元的金额，分别交给该行柜台人员杨某、胡某，杨、胡二人当时均未对该支票进行认真审查，就分别为颜某办理了转账手续。颜某轻而易举地从该行骗出了该"办公室"账上460万元巨款。颜某除分给黄某3万元外，余款挥霍殆尽。

2004年10月，法院以票据诈骗罪分别判处颜某无期徒刑，剥夺政治权利终身，并处没收个人全部财产；判处黄某有期徒刑8年，并处罚金人民币5万元。银行工作人员胡某、杨某，被法院以对违法票据付款罪分别判处有期徒刑1年、缓刑2年和有期徒刑1年、缓刑1年。

---

## ⚖ 法律析疑：

对违法票据承兑、付款、保证罪是指金融机构工作人员在票据业务中，对违反票据法规定的票据予以承兑、付款或保证，造成金融机构重大损失的行为。对违法票据承兑、付款、保证罪具有以下构成特征：一是对违法票据承兑、付款、保证罪侵犯的客体是复杂客体，即国家的票据管理制度和金融机构的信誉。二是对违法票据承兑、付款、保证罪在客观上表现为银行或者其他金融机构的工作人员在票据业务中，对违反票据法规定的票据予以承兑、付款或者保证，造成重大损失的行为。三是对违法票据承兑、付款、保证罪的主体是特殊主体，仅限于银行或者其他金融机构及其工作人员。四是对违法票据承兑、付款、保证罪在主观方面一般是过失犯罪，也不排除放任的故意。即要构成本罪在客观方面必须具备对违反《票据法》规定的票据予以承兑、付款、保证并造成重大损失。案例中被告人银行工作人员杨某、胡某未对支票进行认真审查，在双人复核的情况下竟然对明显存在重大问题的伪造支票进行付款，致使颜某骗走巨款，给银行造成了重大损失，很显然已构成了对违法票据承兑、付款、保证罪。

（浙江日中天律师事务所主任律师：蔡显俊）

# ● 案后启示

## 🔅 防范提示：

票据业务是专业性、法制性较强的业务。金融机构工作人员办理票据业务不仅要精通票据知识和有关票据法规，还要对高新技术条件下的伪造、变造票据有较强的鉴别能力。所以，首先，金融机构要加大对员工的法制教育，提高员工的工作责任心。金融机构工作人员在办理票据承兑、付款、贴现、担保等业务时，必须对持票人持有的票据及其跟单进行严格、仔细、全面的检查，把好票据承兑的最后一道关口。其次，要加强对员工的技能培训，提高专业技术水平和风险防范能力。最后，要健全完善内控机制。严格双人审核制度，加大对票据业务中的违规、违纪、违法问题的处理力度，以完善的制度保障票据业务的有序开展。

## 📞 法律传真：

《刑法》第189条规定：银行或者其他金融机构的工作人员在票据业务中，对违反票据法规定的票据予以承兑、付款或者保证，造成重大损失的，处五年以下有期徒刑或者拘役；造成特别重大损失的，处五年以上有期徒刑。

单位犯前款罪的，对单位判处罚金，并对其直接负责的主管人员和其他直接责任人员，依照前款的规定处罚。

## 👉 相关链接：

### 1. 相关法律：

《中华人民共和国票据法》
第一百零四条　金融机构工作人员在票据业务中玩忽职守，对违反本法规定的票据予以承兑、付款或者保证的，给予处分；造成重大损失，构成犯罪的，依法追究刑事责任。

由于金融机构工作人员因前款行为给当事人造成损失的，由该金融机构和直接责任人员依法承担赔偿责任。

## 2. 立案标准：

最高人民检察院、公安部《关于公安机关管辖的刑事案件立案追诉标准的规定（二）》（2010 年 5 月 7 日）

第四十五条　银行或者其他金融机构及其工作人员在票据业务中，对违反票据法规定的票据予以承兑、付款或者保证，造成直接经济损失数额在 20 万元以上的，应予立案追诉。

# 逃汇罪

TAOHUIZUI

# 案例　为一己之利逃汇，害人害己害单位

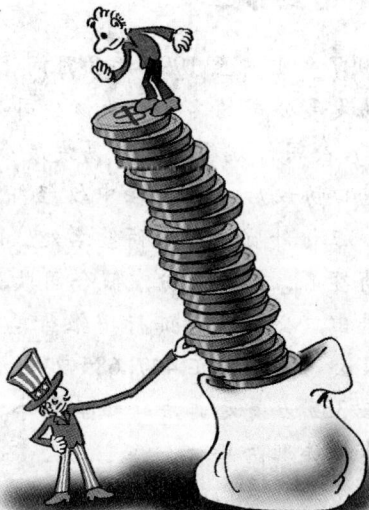

## 🔍 案情扫描一：

　　1997 年 10 月 20 日，我国一进出口公司与美国一家公司签订丝绸出口供货协议，根据协议，外方应支付货款 1000 万美元。进出口公司主要领导王某感到出国调取外汇不方便，便私下与几个主要领导商量，把外汇截留，以供日后亲戚朋友出国使用。王某的建议立刻得到其他几个领导人的同意，恰逢其他几个领导人的子女正筹备美元去美国。于是内部通过决议，采用低报货价的方式逃避海关检查，遂又与美方签订两份协议，一份全额为 800 万美元，一份是 200 万美元，并专门派员到美国协商，希望外方能把 1000 万美元的货物以 800 万美元报关。货到美国后，美方汇给国内 800 万美元，另 200 万美元根据王某的指示，由该进出口公司的工作人员存入美国银行。后该公司主要领导子女到美国后，

以较低的比价交付给进出口公司人民币，使用该批美元款项。由于主要领导之间的矛盾，1998 年 2 月，有人向外汇管理机关举报，遂案发。经法院审理，该进出口公司犯逃汇罪，判处罚金 200 万元，没收境外外汇并上缴国库；被告人王某犯逃汇罪，判处有期徒刑 4 年。

## 🔍 案情扫描二：

1997 年 1 月至 1998 年 8 月间，罗某以瑞得（集团）公司及瑞得科技贸易发展公司的名义，为该公司办理进口计算机业务的手续。在瑞得（集团）公司、瑞得科技贸易发展公司与中仪经纬进出口公司签署委托代理进口协议后，罗某在中仪经纬进出口公司与"瑞达国际企业有限公司"三份外贸合同外商签名处，以 George Luo（乔治·罗）的名义假冒外商签名，以此三份虚假合同欺骗银行开立信用证的手段，通过中仪经纬进出口公司从开证行甲银行总行、乙银行 D 市分行为瑞得科技贸易发展公司骗购外汇 447.685 万美元汇至境外，将瑞得（集团）公司自有外汇 365 万美元非法转移至境外。此案经法院审理，依法判处被告人罗某有期徒刑两年。

## ⚖️ 法律析疑：

逃汇罪，是指公司、企业或者其他单位，违反国家规定，擅自将外汇存放境外，或者将境内的外汇非法转移到境外，情节严重的行为。案例中的进出口公司违反国家外汇管理制度，采用欺诈手段，逃避外汇监管，把外汇收入存放境外供公司主要领导人员内部出国使用，情节严重，已构成逃汇罪，王某作为该进出口公司的总经理，是该起犯罪的直接责任人员，其行为已构成逃汇罪，应当承担相应的刑事责任。逃汇罪作为一种经济犯罪，衡量情节是否严重主要应从数额，同时结合其他情节综合考虑。主要包括：（1）逃汇数额的大小；（2）是否伪造和冒用有关单位的证件、印章逃汇；（3）是否为国家工作人员利用职权或者勾结国家工作人员进行逃汇的；（4）是否严重影响了国家有关计划的执行等。

（浙江日中天律师事务所主任律师：蔡显俊）

## ●案后启示

### 防范提示：

一是企业应严格遵守国家外汇管理的规定，应发挥企业内部治理机构的作用，加强对企业高管不合法行为的监管。二是企业管理人员不应以权谋私，更需按规章制度执行，维护企业合法权益。

### 法律传真：

《刑法》第190条规定：公司、企业或者其他单位，违反国家规定，擅自将外汇存放境外，或者将境内的外汇非法转移到境外，数额较大的，对单位判处逃汇数额百分之五以上百分之三十以下罚金，并对其直接负责的主管人员和其他直接责任人员处五年以下有期徒刑或者拘役；数额巨大或者有其他严重情节的，对单位判处逃汇数额百分之五以上百分之三十以下罚金，并对直接负责的主管人员和其他直接责任人员处五年以上有期徒刑。

### 相关链接：

**怎样区分此罪与走私罪的界限？**

一是所侵犯的客体不同。本罪的客体是国家的外汇管理制度，其与进出口贸易及其关税无关；而走私罪的客体则是对外贸易管制，后者这种管制的目的是通过对进出口货物的监督、管理与控制，防止偷逃关税及其阻止或限制不该进出口的物资进出口。它与进口贸易及其关税紧密联系在一起。

　　二是所侵犯的对象不同。本罪的对象仅限于外汇；走私罪的对象却比本罪广泛得多，它包括外汇在内的一切禁止或限制进出境的货物与物品或者应当缴纳关税的货物及物品。

　　三是客观方面的表现形式不同。本罪在客观方面表现为逃汇的行为。逃汇的外在形式是将境外取得的外汇应当调回境内而不调回，或把境内的外汇私自转移到国外等；而走私罪的客观行为却是行为人逃避海关监管，非法运输、携带、邮寄货物、物品进出国（边）境的行为。

# 洗钱罪

XIQIANZUI

# 案例　明知犯罪不劝阻，帮忙洗钱受拖累

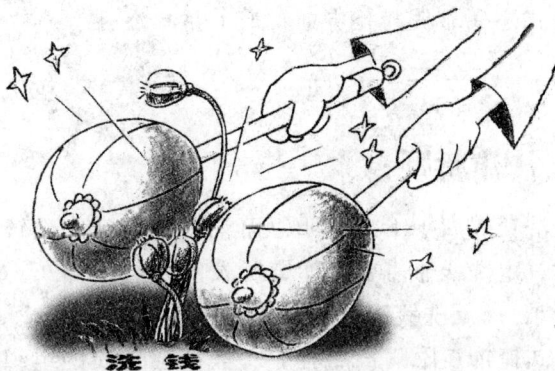

洗　钱

## 🔍 案情扫描一：

2010年6月6日，参加毒品犯罪、黑社会组织的贾某突然找到某银行职员游某说："老兄，这一阵子风声很紧，你也知道，以前我制造、贩卖那玩意儿弄了几个钱，深怕有点闪失，枉费了几年的心血，以后也没有了依靠。所以，我想让你给帮个忙，给我那几个钱找个保险的方法，也免了我的后顾之忧，即使事发坐牢，也没有什么怕的了。"游某由于跟贾某素来以兄弟相称，碍于情面，于是便帮他在银行立了100万元的账户。之后不久，随案发，贾某供述了自己的犯罪及其所得金钱的去处，游某也随即被捕审判。此案经法院审理，依法判处游某有期徒刑3年，罚金2万元。

## 🔍 案情扫描二：

长期在加拿大、香港以及广东从事毒品贩卖活动的区某将毒资折合港币约600万元，由香港入关带回广州，汪某负责接应。区某将港币520万元（折合人民币550万元）作为投资购得广州某木业公司60%的

股权，并担任法定代表人，负责公司财务。汪某出任公司董事长，每月领取五千元以上的工资，负责公司对外联络事宜，并收取区某赠送的一辆奔驰小汽车。区某通过该公司掩饰、隐瞒其违法所得的来源和性质，再从该公司将资金转出使毒品犯罪的违法所得转为合法收益。2003 年 3 月区某贩毒案告破，区某、汪某被依法逮捕。经法院审理认定，被告人汪某犯洗钱罪被判处有期徒刑 1 年 6 个月。

## ⚖ 法律析疑：

　　洗钱罪属于下游犯罪，而在刑法规定的洗钱上游犯罪范围比较窄，同时，定洗钱罪需要犯罪嫌疑人主观"明知"，这在实践当中还存在一定困难。《反洗钱法》中明确了"反洗钱"概念，即"为了预防通过各种方式掩饰、隐瞒毒品犯罪、黑社会性质的组织犯罪、恐怖活动犯罪、走私犯罪、贪污贿赂犯罪、破获金融管理秩序犯罪、金融诈骗犯罪等犯罪所得及其收益的来源和性质的洗钱活动。"而金融机构的反洗钱义务也在这部法律当中明确。案情扫描一中被告人游某作为银行职员，熟知我国金融管理法规，却与贾某素称兄弟，明知其财产是通过毒品犯罪、参加黑社会组织的违法所得，却碍于情面，故意为其提供资金账户，扰乱了金融管理的正常秩序，其行为完全符合洗钱罪的条件。案情扫描二中的汪某帮助区某掩饰、隐瞒贩毒所得，同样构成了洗钱罪。

　　　　　　　（浙江日中天律师事务所主任律师：蔡显俊）

## ●案后启示

## 💡 防范提示：

　　上游犯罪和下游犯罪密切相关，把下游犯罪遏制住，对上游犯罪是一个更好的遏制和打击。要加大对《金融机构反洗钱规定》和《金融机构大额交易和可疑交易报告管理办法》的宣传力度和执行力度。金融机构履行反洗钱义务要做好三方面的工作：一是建立客户真实身份的识别制度；二是客户身份资料和交易记录的保存制度；三是大额交易和可疑交易的报告制度。以三道防线，构筑金融机构的反洗钱屏障。

---

## 📠 法律传真：

《刑法》第 191 条规定：明知是毒品犯罪、黑社会性质的组织犯罪、恐怖活动犯罪、走私犯罪、贪污贿赂犯罪、破坏金融管理秩序犯罪、金融诈骗犯罪的所得及其产生的收益，为掩饰、隐瞒其来源和性质，有下列行为之一的，没收实施以上犯罪的所得及其产生的收益，处五年以下有期徒刑或者拘役，并处或者单处洗钱数额百分之五以上百分之二十以下罚金；情节严重的，处五年以上十年以下有期徒刑，并处洗钱数额百分之五以上百分之二十以下罚金：（一）提供资金账户的；（二）协助将财产转换为现金、金融票据、有价证券的；（三）通过转账或者其他结算方式协助资金转移的；（四）协助将资金汇往境外的；（五）以其他方法掩饰、隐瞒犯罪所得及其收益的来源和性质的。

单位犯前款罪的，对单位判处罚金，并对其直接负责的主管人员和其他直接责任人员，处五年以下有期徒刑或者拘役；情节严重的，处五年以上十年以下有期徒刑。

## 👉 相关链接：

### 1. 你知道洗钱罪的由来吗？

20 世纪 20 年代美国芝加哥以阿里卡彭、约多里奥和勒基鲁西诺为首的庞大的有组织犯罪集团黑手党，他们利用美国经济中所使用的大规模生产技术，发展自己的犯罪企业，谋求暴利。该组织有一个财务总管购买了一台投币洗衣机，开了一个洗衣店，为顾客洗衣服，并收取现金，然后将这一部分现金收入连同其犯罪收入一起申报纳税，于是非法收入也就成了合法收入。从此，人们将洗钱一词专指那些通过某些方法将犯罪所得赃款合法化变干净的行为，这就是"洗钱"一词的来历。

现在，洗钱已发展成为一个有着高额利润的、复杂的犯罪领域，并成为国际社会的一大公害。洗钱犯罪的巨大破坏性不仅仅表现为它对金融等领域的侵蚀，更重要的是它是其他犯罪，尤其是有组织犯罪的润滑剂，是其不可或缺的"生命线"。现在世界各个国家和地区都对洗钱活动予以高度重视，纷纷通过立法对其加以控制。例如美国、法国、澳大利亚、中国香港、中国台湾等。作为一种国际化的犯罪，洗钱犯罪已出现严重化趋势；反洗钱犯罪，已成为打击经济领域犯罪的一项重要任务。目前，世界各国反洗钱政策的主要目标是：打击犯罪活动，保证经济和金融系统的透明度。

## 2. 有关洗钱罪的司法解释：

（1）2009年11月11日上午，最高人民法院发布《关于审理洗钱等刑事案件具体应用法律若干问题的解释》（以下简称《解释》），该解释从2009年11月11日起实施。

《解释》在刑法规定的四种洗钱行为之外，明确规定对以下六种洗钱行为应依法追究刑事责任：通过典当、租赁、买卖、投资等方式，协助转移、转换犯罪所得及其收益的；通过与商场、饭店、娱乐场所等现金密集型场所的经营收入相混合的方式，协助转移、转换犯罪所得及其收益的；通过虚构交易、虚设债权债务、虚假担保、虚报收入等方式，协助将犯罪所得及其收益转换为"合法"财物的；通过买卖彩票、奖券等方式，协助转换犯罪所得及其收益的；通过赌博方式，协助将犯罪所得及其收益转换为赌博收益的；协助将犯罪所得及其收益携带、运输或者邮寄出入境的。

《解释》规定，以下六种情形，除有证据证明确实不知道的之外，均可以认定行为人对犯罪所得及其收益具有主观"明知"，也将被追责：

知道他人从事犯罪活动，协助转换或者转移财物的；没有正当理由，通过非法途径协助转换或者转移财物的；没有正当理由，以明显低于市场的价格收购财物的；没有正当理由，协助转换或者转移财物，收取明显高于市场的"手续费"的。此外还包括没有正当理由，协助他人将巨额现金散存于多个银行账户或者在不同银行账户之间频繁划转的；协助近亲属或者其他关系密切的人转换或者转移与其职业或者财产状况明显不符的财物的。

**（2）最高人民法院《关于审理骗购外汇、非法买卖外汇刑事案件具体应用法律若干问题的解释》（法释〔1998〕20号）**

**第一条** 以进行走私、逃汇、洗钱、骗税等犯罪活动为目的，使用虚假、无效的凭证、商业单据或者采取其他手段向外汇指定银行骗购外汇的，应当分别按照刑法分则第三章第二节、第一百九十条、第一百九十一条和第二百零四条等规定定罪处罚。

非国有公司、企业或者其他单位，与国有公司、企业或者其他国有单位勾结逃汇的，以逃汇罪的共犯处罚。

**第五条** 海关、银行、外汇管理机关工作人员与骗购外汇的行为人通谋，为其提供购买外汇的有关凭证，或者明知是伪造、变造的凭证和商业单据而出售外汇，构成犯罪的，按照刑法的有关规定从重处罚。

**第六条** 实施本解释规定的行为，同时触犯二个以上罪名的，择一重罪从重处罚。

**第七条** 根据刑法第六十四条规定，骗购外汇、非法买卖外汇的，其违法所得予以追缴，用于骗购外汇、非法买卖外汇的资金予以没收，上缴国库。

**第八条** 骗购、非法买卖不同币种的外汇的，以案发时国家外汇管理机关制定的统一折算率折合后依照本解释处罚。

（3）最高人民检察院、公安部《关于公安机关管辖的刑事案件立案追诉标准的规定（二）》（2010年5月7日）

**第四十八条** ［洗钱罪（刑法第一百九十一条）］明知是毒品犯罪、黑社会性质的组织犯罪、恐怖活动犯罪、走私犯罪、贪污贿赂犯罪、破坏金融管理秩序犯罪、金融诈骗犯罪的所得及其产生的收益，为掩饰、隐瞒其来源和性质，涉嫌下列情形之一的，应予立案追诉：

（一）提供资金账户的；

（二）协助将财产转换为现金、金融票据、有价证券的；

（三）通过转账或者其他结算方式协助资金转移的；

（四）协助将资金汇往境外的；

（五）以其他方法掩饰、隐瞒犯罪所得及其收益的来源和性质的。

集资诈骗罪

## 案例　虚构项目集资诈骗，判刑又罚金罪当其罚

### 🔍 案情扫描一：

2007 年 2 月至 3 月间，被告人赵某某、冯某某以虚构的 A 市谦政商贸有限公司办公大楼的图片和谦政商贸生态养老院简介为主要内容，制作 A 市谦政商贸有限公司虚假宣传画册向社会公众发放，谎称公司正在筹建养老院需要资金，并制订市场销售方案，以购酒返利、给付高回报、承诺周周返本金和利息为诱饵，向社会公众集资 288 万余元，至案发尚有 221 万余元无法归还。A 市中级人民法院以集资诈骗罪，分别判处被告人赵某某、冯某某有期徒刑 13 年，并处罚金人民币 30 万元。宣判后，被告人赵某某、冯某某不服，提出上诉。省高级人民法院经审理后，依法驳回赵某某、冯某某的上诉，维持原判。

## 🔍 案情扫描二：

B市鑫富投资咨询有限公司执行董事兼总经理林某于2007年开始向他人集资投资期货。发生巨额亏损后，她隐瞒真相，虚构炒期货很赚钱的假象，以委托炒期货利润共享、风险分担的形式，或虚构运作公司上市、打新股、银行拉存等项目需要巨额资金，承诺本金无风险，以高息或高回报率为诱饵，陆续向朋友、同事、同学、老师、亲戚、邻居以及他们介绍的不特定对象继续进行非法集资，部分用于前期集资款还本付息、支付回报，部分继续用于炒期货、股票。随着亏损数额和利息、回报支出的不断增加，林某继续虚构事实，隐瞒真相，拆东墙补西墙，直到2011年10月下旬因资金无法周转而案发，累计向他人非法集资6.4亿余元，实际骗取集资款不能归还数额4.28亿元。B市中级人民法院认为，林某的行为已构成集资诈骗罪，数额特别巨大并且给国家和人民利益造成特别重大损失，鉴于其集资诈骗不能归还的数额特别巨大，骗取的资金没有用于生产经营活动，而是进行个人高风险投资造成严重亏损，且犯罪涉及面广，给众多被害人造成无可挽回的经济损失，犯罪情节特别严重，社会危害极大，应依法严惩，故判处死刑，剥夺其政治权利终身，并处没收个人全部财产。其违法所得人民币4.28343亿元被责令予以退赔，返还相关被害人。

## ⚖️ 法律析疑：

案情扫描一中被告人赵某某、冯某某以非法占有为目的，采用虚构事实、隐瞒真相的方法，骗取公众财物，数额特别巨大，该行为已构成集资诈骗罪。被告人从一开始就通过制作A市谦政商贸有限公司虚假宣传画册向社会公众发放，虚构项目，抓住部分公众的贪心，用极高的利益为诱饵，集资数百万元人民币。如果不是案情暴露，将会有更多的受害人、更多资金为其所诱惑而进入其圈套。此类案件的社会危害大，不但导致受害人大量资金无法拿回，给个人和家庭带来损失，更给社会带来诸多不稳定因素。

案情扫描二中集资诈骗罪是指以非法占有为目的，违反有关金融法律、法规的规定，使用诈骗方法进行非法集资，扰乱国家正常金融秩序，侵犯公私财产所有权，且数额较大的行为。集资诈骗罪中的集资是通过使用诈骗方法实施的。所谓使用诈骗方法，是指行为人以非法占有为目的，编造谎言，捏造或者隐瞒事实真相，骗取他人的资金的行为。在实践中，犯罪分子使用诈骗方法非法集资行为主要是利用公众缺乏投资知识、盲目进行投资的心理，钻市场经济条件下经济活动纷繁复杂、投资法制不健全的空子进行的。如有的行为人谎称其集资得到政府领导和有关主管部门同意，有时甚至伪造有关批件，以骗取社会公众信任；有的大肆登载虚假广告，引起社会公众投资盈利心理；有的打着举办集体企业或发展高科技的幌子，以良好的经济效益和优厚的红利为诱饵；有的虚构实际上并不存在的企业或企业计划。此案中被告人林某正是虚构了运作公司上市、打新股、银行拉存等项目骗取社会公众的信任，诈骗数额之大令人咂舌。

（浙江海贸律师事务所主任律师：周智敏）

## ●案后启示

### 防范提示：

一是加大法制宣传，让社会公众认清非法集资的本质和危害，提高识别能力，自觉抵制各种诱惑，坚信"天上不会掉馅饼"，对"高额回报"、"快速致富"的投资项目进行冷静分析，避免上当受骗；二是要增强公众理性投资意识，高投资往往伴随着高风险，不规范的经济活动更是蕴藏着巨大风险；三是金融机构要多关注当地资金流转动向，通过与客户交流等手段及早发现问题并上报。

## 📠 法律传真：

《刑法》第192条规定：以非法占有为目的，使用诈骗方法非法集资，数额较大的，处五年以下有期徒刑或者拘役，并处二万元以上二十万元以下罚金；数额巨大或者有其他严重情节的，处五年以上十年以下有期徒刑，并处五万元以上五十万元以下罚金；数额特别巨大或者有其他特别严重情节的，处十年以上有期徒刑或者无期徒刑，并处五万元以上五十万元以下罚金或者没收财产。

《刑法》第199条规定：犯本节第一百九十二条规定之罪，数额特别巨大并且给国家和人民利益造成特别重大损失的，处无期徒刑或者死刑，并处没收财产。

## 👉 相关链接：

### 1. 如何区分集资诈骗罪与诈骗罪的区别？

集资诈骗罪实际上是一种特殊的诈骗罪，因此它既有一般诈骗罪所具有的共性，也具有一般诈骗罪所不具有的特殊性。两者区别主要是：

一是犯罪的对象不同。本罪的对象是不特定多数人的用以集资获利的资金，包括金钱与财物；但后罪即诈骗罪的对象则是特定的，即行为人是针对某一特定的人或单位去实施诈骗行为并获取其钱财。

二是客观行为的表现形式不同。诈骗罪在客观方面表现为用虚构事实或隐瞒真相直接使被骗人交付财物的行为，被骗人交付财物既可以是为了投资营利，也可以是购买某物。本罪与诈骗罪而言，本罪行为是被包容的法条属特别法条，因此，对以诈骗方法骗取集资的，应当以本罪定罪科刑。

### 2. 如何区分集资诈骗罪与非法吸收公众存款罪的区别？

非法吸收公众存款，在一定意义上讲，也是一种非法集资的形式，二者的主要区别有：

（1）侵犯的对象不同。集资诈骗罪的对象是他人用于集资获利所交付的集资款，既可以表现为资金，又可以表现为财物；非法吸收公众存款罪的对象则是公众的存款，它只能表现为金钱的形式，并且只能以存款人用于存款而获取一定利息的形式出现。

（2）犯罪客观行为的表现方式不同。集资诈骗罪是以诈骗的方法去非法聚集资金，表现为诈骗方法与非法集资两种行为的统一。诈骗行为属于方法行为，其是为非法集资这一目的行为服务的；非法吸收公众存款罪即是以存款的形式非法吸收公众存款。其虽可采用欺骗的方法进行，但不是必备的条件之一。

（3）犯罪的目的不同。集资诈骗罪的目的是将所非法募集到的集资资金据为己有，即具有非法占有之目的；但非法吸收公众存款罪的目的是营利，其不具有占有的目的。如果出于占有的故意采取以存款的形式骗取他人存款的，则不构成其罪，而应构成集资诈骗罪。为了营利，是指将所聚集的资金用于一些诸如生产投资、高利放贷等生产或服务的经营活动。

（4）侵犯的客体不同。集资诈骗罪侵犯的客体为双重客体，其既侵犯了国家有关集资的金融管理制度，而且亦会侵犯公私财物所有权；非法吸收公众存款罪侵犯的客体却是单一的，即吸收公众存款的金融信贷管理制度。行为人出于营利之目的非法吸收公众存款用于经营，但由于经营不善或意外事故等原因造成了经营的亏损，即使无法给存款人还本付息，亦不能认定为出于非法占有之目的，构成犯罪的，也只能依非法吸收公众存款罪定罪处罚。因无法支付存款人的本息而造成存款人的经济损失，则作为一个量刑情节加以考虑。

### 3. 如何区分集资诈骗罪与欺诈发行股票、债券罪的区别？

二罪均属非法集资性犯罪，都包含欺诈因素。其界限如下：第一，犯罪目的不同，后罪行为人仅具有非法获得集资款的使用权，不具有非法占有目的。第二，犯罪客体不同，后罪客体为国家对公司股票，企业债券发行的管理制度和投资人的财产利益。第三，行为方式不同，本罪表现为行为人采取包括欺诈发行股票、债券在内的各种诈骗方法进行非法集资，后罪表现为行为人在招股说明书、认股书、公司股票，企业债券募集中隐瞒重要事实或编造重大虚假内容，发行股票或债券。第四，犯罪主体不同，后罪是特殊主体，欺诈发行股票的行为主体只能是经批准以募集方式设立股份有限公司的自然人或单位；欺诈发行公司、企业债券的行为主体是经批准的具有发行债券资格和条件的公司和企业的自然人和单位，具体包括股份有限公司、国有独资公司和国有有限责任公司及其企业。第五，数额、情节、后果要求不同，后罪要求行为人具有发行股票、债券数额巨大，造成后果严重或有其他严重情节。

# 贷款诈骗罪

# 案例 虚构事实谋取贷款，诈骗入罪悔之晚矣

## 🔍 案情扫描一：

2003 年 2 月，杨某冒用其兄的名字，编造了要贷款买车跑运输的理由，到 B 县 C 镇房管所领取了两张贷款申请表，将自己和其妻的身份证复印后涂改成其兄和其嫂的名字，又把其兄的房产证领出复印，一并交到 B 县农行南小区分理处。随后，杨某又出钱购买了一本伪造的 B 县房管所的房屋产权证提供给银行。2003 年 3 月 31 日，杨某顺利地从 B 县农行南小区分理处拿到贷款 49000 元。贷款到手后，杨某并不是拿去买车跑运输，而是拿去做玉石生意和日常消费。因生意亏损，杨某未能按期偿还贷款。经银行审查，发现了杨某编造虚假的贷款用途、提供伪造的证件的事实，遂向公安机关报案。破案后，公安机关仅追缴到 1800 元退还银行，并以贷款诈骗罪追究杨某的刑事责任。

## 🔍 案情扫描二：

被告人张某系 C 县石羊村原村民副主任，2000 年 1 月至 4 月，在国家扶贫政策的允许下，其在未同村委会成员商量，也未对村民告知的

情况下，私自以"石羊村委会"名义向 C 县扶贫办申请板栗等贷款项目。张某在明知果苗款只需 15 万元的情况下，向县扶贫办申请材料中注明需要 20 万元，后获得县扶贫办下达同意该项目的文件。张某以此项目文件，按照村里农户每户贷款 200 元的小额贷款金额申请，通过私刻农户私章及冒名代替签字的方法，从 C 县农业银行贷款 20 万元。张某在支付了果苗款 15.5 万元后，将剩余的 4.5 万元非法占有并挥霍。事后，张某在银行贷款项目实施检查过程中案发，并移送司法机关查处。

## 🔍 案情扫描三：

1997 年 7 月 8 日，姚某在为他人保管建行一办事处储蓄所公章、表格、空白存单期间，为骗取贷款以其妻邹某的名义填写一份在建行 C 县支行前进路办事处有 46 万元单位集资定期储蓄存单，并伪造一份在前进路办事处有存款的证明，姚某与邹某等人携带伪造的手续到 B 县武安镇农村信用社找到付某，以伪造的 46 万元存单作抵押，要求贷款 45 万元，付在未经任何审核、考察的情况下，将 45 万元放贷给姚某，致使该款被骗至今仍有 40 万元未归还。案发后被告人姚某犯贷款诈骗罪被判处有期徒刑 13 年，并处罚金 50 万元。

## ⚖️ 法律析疑：

实际生活中，贷款不能按期偿还的情况时有发生，其原因也很复杂，如有的因为经营不善或者市场行情的变动，使营利计划无法实现不能按时偿还贷款。这种情况中，行为人虽然主观有过错，但其没有非法占有贷款的目的，故不能以本罪认定。案情扫描一中杨某编造虚假理由、使用虚假证明文件、使用虚假的产权证明从银行骗取贷款，并用于风险较大的玉石生意及日常消费，数额较大，明知可能无法归还贷款仍放任行为的发生，具有非法占有的目的，且侵犯了银行对贷款的所有权和国家的金融管理制度，符合贷款诈骗罪的各要件。案情扫描二中张某私刻农户私章及代签字的行为属于使用虚假的证明文件骗取贷款，并将 4.5 万元挥霍，具有非法占有的目的，构成了贷款诈骗罪。

（浙江海贸律师事务所主任律师：周智敏）

# ●案后启示

## 防范提示：

要遏制贷款诈骗罪的发生，须从防范和打击两方面着手，一方面要建立健全金融风险防范机制，加强金融机构自身贷款管理工作；另一方面要充分发挥公安、检察、法院等部门的职能作用，运用法律武器打击犯罪活动。具体要做好以下工作：一是加强金融机构工作人员思想道德和法制教育，增强工作人员拒腐防变的免疫力和自我约束能力，时刻做到自重、自省、自警、自励。同时把好用人关，要把品质好、作风正、业务精的人员安排在信贷岗位，构筑起防范贷款诈骗犯罪的第一道坚实的防线；二是建立完善的内控制度，实行审、贷、查分离，相互制约，彼此监督；三是加强对贷款诈骗的打击力度。金融机构和公安部门要加强联系，密切协作，形成打击合力。银行要加强对贷款程序和方式的稽核，发现问题要及早向公安机关报告；公安部门要充分发挥打击犯罪的职能作用，运用各种措施和手段，发现线索，积极破案，使犯罪分子受到法律制裁，国家财产得到保护。

## 法律传真：

《刑法》第 193 条规定：有下列情形之一，以非法占有为目的，诈骗银行或者其他金融机构的贷款，数额较大的，处五年以下有期徒刑或者拘役，并处二万元以上二十万元以下罚金；数额巨大或者有其他严重情节的，处五年以上十年以下有期徒刑，并处五万元以上五十万元以下罚金；数额特别巨大或者有其他特别严重情节的，处十年以上有期徒刑或者无期徒刑，并处五万元以上五十万元以下罚金或者没收财产：

（一）编造引进资金、项目等虚假理由的；

（二）使用虚假的经济合同的；

（三）使用虚假的证明文件的；

（四）使用虚假的产权证明作担保或者超出抵押物价值重复担保的；

（五）以其他方法诈骗贷款的。

☞ **相关链接：**

### 1. 如何严格区分罪与非罪的界限？

"以非法占有为目的"是区别罪与非罪界限的重要标准。在认定诈骗贷款罪时，不能简单地认为，只要贷款到期不能偿还，就以诈骗贷款罪论处。实际生活中，贷款不能按期偿还的情况时有发生，其原因也很复杂，如有的因为经营不善或者市场行情的变动，使营利计划无法实现不能按时偿还贷款。这种情况中，行为人虽然主观有过错，但其没有非法占有贷款的目的，故不能以本罪认定。有的是本人对自己的偿还能力估计过高，以致不能按时还贷，这种情形行为人主观上虽然具有过失，但其没有非法占有的目的，也不应以本罪论处。只有那些以非法占有为目的，采用欺骗的方法取得贷款的行为，才构成贷款诈骗罪。

如何把贷款诈骗与借贷纠纷区别开来？有些借贷人在获得贷款后长期拖欠不还，甚至在申请贷款时就有夸大履约能力、编造谎言等情节，而到期又未能偿还。这种借贷纠纷，十分容易与贷款诈骗相混淆，区分二者的界限应当把握以下四点：

一是若发生了到期不还的结果，还要看行为人在申请贷款时，履行能力不足的事实是否已经存在，行为人对此是否清楚。如无法履约这一点并不十分了解，即使到期不还，也不应认定为诈骗贷款罪而应以借贷纠纷处理。

二是要看行为人获得贷款后，是否积极将贷款用于借贷合同所规定的用途。尽管到期后行为人无法偿还，但如果贷款确实被用于所规定的项目，一般也说明行为人主观上没有诈骗贷款的故意，不应以本罪处理。

三是要看行为人于贷款到期后是否积极偿还。如果行为仅仅口头上承认还款，而实际上没有积极筹款准备归还的行为，也不能证明行为人没有诈骗的故意，不赖账，不一定就没有诈骗的故意。

四是将上述因素综合起来，考察行为人主观心态和客观行为，从而得出是否有非法占有贷款的目的，这对于正确区分贷款诈骗与借贷纠纷的界限具有重要意义。

## 2. 有关贷款诈骗罪的司法解释：

根据最高人民法院于 2000 年 9 月 20 日至 22 日在湖南省长沙市召开的全国法院审理金融犯罪案件工作座谈会形成的《全国法院审理金融犯罪案件工作座谈会纪要》的精神，在司法实践中，对于行为人通过诈骗的方法非法获取资金，造成数额较大资金不能归还，并具有下列情形之一的，可以认定为具有非法占有的目的：

（1）明知没有归还能力而大量骗取资金的；

（2）非法获取资金后逃跑的；

（3）肆意挥霍骗取资金的；

（4）使用骗取的资金进行违法犯罪活动的；

（5）抽逃、转移资金、隐匿财产，以逃避返还资金的；

（6）隐匿、销毁账目，或者搞假破产、假倒闭，以逃避返还资金的；

（7）其他非法占有资金、拒不返还的行为。但是，在处理具体案件的时候，对于有证据证明行为人不具有非法占有目的的，不能单纯以财产不能归还就按金融诈骗罪处罚。

根据最高人民法院《关于审理诈骗案件具体应用法律若干问题的解释》第四条，最高人民检察院、公安部《关于公安机关管辖的刑事案件立案追诉标准的规定（二）》第五十条规定：以非法占有为目的，诈骗银行或其他金融机构的贷款，数额在二万元以上的，应予立案追诉。

# 票据诈骗罪

PIAOJUZHAPIANZUI

# 案例 伪造票据行骗难逃法网制裁

## 🔍 案情扫描一：

2013 年 7 月 15 日上午，建行 B 市分行营业部在办理业务中，一客户持中华人民共和国凭证式国债收款凭证一张，要求办理质押贷款。业务办理人员接过票据，按要求进行认真核对相关要素时发现，该凭证式国债收款凭证存在异样，立即向分管领导和安保部报告，分管领导和其他业务人员经过仔细辨别，发现该票疑点较多，经与出票行建行 C 市分行联系，C 市分行答复未办理此笔业务，该行即刻认定此笔国债收款凭证为假票。B 市分行安保部反应快速，立即启动防诈骗应急预案，一是要求该业务办理人员稳住持票人，防止持票人发现异常拿票逃走；二是立即拨打 110 电话报警；三是安排人员做好堵截，防止持票人逃走。5 分钟后，辖区派出所、公安局经侦支队、公安局法制科人员赶到，与分行安保部经理协商抓捕计划，最终确定在诈骗嫌疑人居住宾馆实施抓捕，其间成功控制诈骗嫌疑人 5 人。

## 🔍 案情扫描二：

2011 年，D 市某公司董事长郭某急需资金，在认识了自称能帮其融资的李某后，李某将其介绍给能搞到银行承兑汇票的董某。董某以办理银行承兑汇票需要费用为由，先后收取李某现金 36 万元。之后，董某为他人提供了银行承兑汇票上的收款人单位名称、账号、开户银行等信息，并出资让他人伪造了面额为 1000 万元的银行承兑汇票 1 张交给郭某。郭某要求核保，董某给晋某 7 万余元让其找人到银行进行核保以便从银行抵押贷款。2012 年 9 月，3 人到银行核实银行承兑汇票时，被公安机关当场查获，并从晋某处扣押现金 8 万元。经鉴定，该银行承兑汇票系伪造汇票。法院经审理后认为，董某以非法占有为目的，明知是伪造票据还使用，进行诈骗活动，数额特别巨大，其行为已构成票据诈骗罪。董某已经着手实施犯罪，由于其意志以外的原因未能得逞，系犯罪未遂，依法可以减轻处罚。故判决被告人董某犯票据诈骗罪，判处有期徒刑 5 年。

## 🔍 案情扫描三：

2004 年 12 月，当时安徽人张某在 B 市一制衣公司上班。一天，张某去公司附近菜场买菜时捡到一张盖有该公司财务专用章的现金支票。起初，张某并不十分清楚此为何物，便请教了一名叫"阿宝"的男子，得知这是一张现金支票，直接能到银行拿钱。张某喜出望外，立即赶到银行取钱，却被告之支票有涂改而不能使用。张某大失所望，又找"阿宝"求助。两人一合计，决定伪造支票。当月 29 日，他们在中国银行 B 市支行购买了现金支票一本，并私刻了制衣公司的财务专用章和法定代表人印章。2005 年 1 月 27 日，张某持盖有伪造印章的现金支票，冒充制衣公司财会人员，在银行骗得人民币 15600 元。没过多久事情败露，公司报案，两人却早已逃之夭夭。2009 年 10 月，公安机关根据相关线索将张某抓获。同伙"阿宝"仍在逃。经审查，法院以票据诈骗罪判处张某有期徒刑 1 年 4 个月，并处罚金 2 万元。

## 🔍 案情扫描四：

2002 年 4 月初，孟某某、袁某某、吕某、孟某、李某、袁某共六人预谋后，先后窜到 E 市，伪造了 E 市光明劳保用品批零经营部的营业执照，于同年 4 月 5 日在某银行 E 市建中分理处骗取了开户许可证。2002 年 4 月 12 日，孟某化名刘某以患高血压病为由住进 E 市中医院，交 3000 元转账支票一份，4 月 15 日出院时，孟某要求中医院将剩余款项以转账支票退回原账户。五人骗取 E 市中医院经办的 1 份 2491.60 元转账支票，尔后将该支票变造为 22.6 万元转入某银行 E 市建中分理处，分三次将 22.6 万元取走，分赃后潜逃。被告人分别在 2003 年、2006 年、2012 年被抓获，其中孟某某潜逃时间长达十年。经法院审理，依法判处各被告人有期徒刑 10 年，并处罚金 50000 元。

## 法律析疑：

　　票据诈骗罪是金融诈骗罪中的一种，是指以非法占有为目的，明知是伪造、变造、作废的票据而使用，或冒用他人的票据，或签发空头支票、签发无资金保证的汇票、本票，或捏造其他票据事实，利用金融票据进行诈骗活动，骗取财物数额较大的行为。金融票据具有有价性、物权性、无因性、要式性等特点。有价性即金融票据以支付一定金钱为目的；物权性即占有票据就享有物权，持票人可以依法向票据债务人行使请求权；无因性即持票人出示票据就可以行使票据权利，对取得票据的原因不负证明责任；要式性指票据形式和内容必须符合法律规定，否则无效。由于金融票据具有上述特点，使用金融票据可以使资金使用效益大大提高，加速资金周转，及时清结债权债务，规范商业信用，还可以减少现金使用，节省流通费用。因此发展金融票据业务已成为我国金融制度改革的一个重要方向。但是，金融票据的上述特点也使违法犯罪分子出于贪利目的而想方设法利用票据或者使用伪造、变造的票据骗取他人财物的犯罪日益突出。这类犯罪往往是在金融票据的流通和使用过程中进行的，因而它不仅侵犯了他人财产权利，更影响了金融票据的信誉，妨害了金融票据的正常流通和使用，破坏了国家对金融票据业务的管理制度。票据诈骗罪在主观上须由故意构成、且以非法占有为目的。如果行为人出于过失而使用金融票据，如不知是伪造、变造或作废的金融票据、误签空头支票，对票据事项因过失而导致记载错误等，不构成犯罪。

目前，票据诈骗罪发案率较高，形式复杂。其特点主要有：（1）金额往往较大。（2）活动职业化和团伙化，手段多样化和智能化。如采用计算机高清晰度扫描技术伪造他人签章，部分犯罪分子还具有较高的文化程度，较熟悉银行业务。（3）以汇票为主，且有向其他银行结算凭证蔓延的趋势。（4）内外勾结的案件较多。少数银行内部管理混乱、内控机制不健全及忽视对员工的思想教育和监督，银行工作人员与犯罪分子内外勾结，为犯罪分子提供客户预留签章、虚假证明等，使犯罪分子诈骗得逞。

（浙江海贸律师事务所主任律师：周智敏）

## ●案后启示

### ☀防范提示：

防范票据诈骗犯罪需要采取多种措施：一是不断提高票据防伪技术水平，降低伪造、变造票据的可能性。二是加强法制教育和票据防伪教育，使群众掌握基本的票据真假辨别知识，防范接收假票据风险。三是金融机构应完善内部控制机制，建立票据审核责任制，同时加强内部员工防伪、辨伪能力，杜绝犯罪分子使用伪造、变造票据从金融机构骗取资金的风险。四是加强案例分析，建立案情报告和通报制度。五是强化部门协作，共同打击票据诈骗犯罪。公安部门与银行要密切配合，共同防范和打击票据诈骗犯罪，如建立线索移送制度，银行对发现的票据诈骗犯罪线索和可疑分子，应及时移送公安部门；建立专家咨询制度，公安部门可以聘请银行专家做顾问，协助破案。

### 📱法律传真：

《刑法》第194条第1款规定：有下列情形之一，进行金融票据诈骗活动，数额较大的，处五年以下有期徒刑或者拘役，并处二万元以上二十万元以下罚金；数额巨大或者有其他严重情节的，处五年以上十年以下有期徒刑，并处五万元以上五十万元以下罚金；数额特别巨大或者有其他特别严重情节的，处十年以上有期徒刑或者无期徒刑，并处五万元以上五十万元以下罚金或者没收财产：

（一）明知是伪造、变造的汇票、本票、支票而使用的；

（二）明知是作废的汇票、本票、支票而使用的；

（三）冒用他人的汇票、本票、支票的；

（四）签发空头支票或者与其预留印鉴不符的支票，骗取财物的；

（五）汇票、本票的出票人签发无资金保证的汇票、本票或者在出票时作虚假记载，骗取财物的。

## ☞ 相关链接：

### 1. 如何区分罪与非罪的界限？

行为人主观上是否明知，是否以骗取他人财物为目的是区别罪与非罪的重要标准。刑法为避免混淆罪与非罪的界限，对行为人主观方面的一些状况进行了特别规定。如使用伪造、变造或者作废的汇票、本票、支票，行为人在主观上必须是"明知"的，在主观上是否明知其所使用的汇票、本票、支票是伪造、变造或者作废的，是划分是否构成本罪的重要界限之一。如果行为人在使用汇票、本票、支票时，在主观上确实不知道该票据是伪造、变造或者作废的，则不构成本罪。应当注意的是，在司法实践中判断行为人主观上是否明知，不是仅依据行为人自己的供述，而是要在全面了解整个案件的基础上进行综合分析后得出结论。对于冒用他人的票据、签发空头支票或者与其预留印鉴不符的支票、签发无资金保证的汇票、本票或者在出票时作虚伪记载以及使用伪造、变造的其他银行结算凭证的行为人必须具有诈骗他人财物的故意和目的，没有这种故意和目的，就不能构成本罪。

一般来说，具有以下情形的行为不构成犯罪：

（1）不知是伪造、变造、作废的金融票据而使用的；

（2）将他人的金融票据误认为是自己的金融票据而使用的；

（3）不知存款已不足而误签空头支票或者误签与其预留印鉴不符的支票的；

（4）签发汇票、本票时因过失而作错误记载的；

（5）不知是伪造、变造的委托收款凭证、汇款凭证、银行存单而使用的等。

## 2. 如何区分票据诈骗罪与伪造变造金融票证罪的界限？

两罪的根本区别在于，伪造、变造金融票证罪惩治的是伪造、变造行为本身，而金融票据诈骗罪惩治的是使用这些金融票据进行诈骗的行为。如果行为人仅仅是伪造、变造金融票证，而没有使用的，则这种行为触犯了《刑法》第 177 条的规定，构成伪造、变造金融票证罪。但司法实践中这两种犯罪往往又是联系在一起的，表现为行为人先伪造、变造汇票、本票、支票或者其他银行结算凭证，然后使用该伪造、变造的票证进行诈骗活动，这种情形实际上属于一种牵连犯的情形，应当从一重罪，即按票据诈骗罪论罪处罚，而不实行数罪并罚。

## 3. 关于票据诈骗罪的司法解释：

**（1）最高人民法院《关于审理诈骗案件具体应用法律若干问题的解释》（1996 年 12 月 24 日）**

利用金融票据进行诈骗活动，数额较大的，构成票据诈骗罪。

个人进行票据诈骗数额在 5 千元以上的，属于"数额较大"；个人进行票据诈骗数额在 5 万元以上的，属于"数额巨大"个人进行票据诈骗数额在 10 万元以上的，属于"数额特别巨大"。

单位进行票据诈骗数额在 10 万元以上的，属于"数额较大"；单位进行票据诈骗数额在 30 万元以上的，属于"数额巨大"；单位进行票据诈骗数额在 100 万元以上的，属于"数额特别巨大"。

使用伪造、变造的委托收款凭证、汇款凭证、银行存单等其他银行结算凭证进行诈骗，数额较大的，以票据诈骗罪定罪处罚。

**（2）最高人民检察院、公安部《关于经济犯罪案件追诉标准的规定》（2001 年 5 月）**

进行金融票据诈骗活动，涉嫌下列情形之一的，应予追诉：

①个人进行金融票据诈骗，数额在 5 千元以上的；

②单位进行金融票据诈骗，数额在 10 万元以上的。

# 金融凭证诈骗罪

# 案例　伪造金融凭证，瞒得了一时、瞒不了一世

## 🔍 案情扫描：

中国某银行 B 市分行白下支行客户经理部原客户经理胡某某因自己经手的人民币 200 万元贷款到期未能收回，且多次向借款人甲实业有限公司法定代表人王某催要未果，遂与王某合谋骗取钱财用于归还所欠贷款及个人使用。胡某某以某银行客户部经理的身份上门吸储，取得被害单位乙公司存款后交给王某，王某则提供虚假单位定期存款开户证实书和银行进账单，再由胡某某转交存款单位的手段，多次共骗取人民币近 3000 万元，案发前归还人民币近 1000 万元。B 市中级人民法院认为，被告人胡某某伙同他人以非法占有为目的，使用虚假的银行结算凭证，骗取公共财物，其行为已构成金融凭证诈骗罪，且数额特别巨大，给国家和人民利益造成特别重大损失，因此判处其无期徒刑，剥夺政治权利终身，并处没收个人全部财产，犯罪所得予以追缴，发还被害单位。

### ⚖ 法律析疑：

　　金融凭证诈骗罪是指以非法占有为目的，采用虚构事实、隐瞒真相的方法，使用伪造、变造的委托收款凭证、汇款凭证、银行存单等其他银行结算凭证，骗取他人财物，数额较大的行为。本罪所侵害的客体是复杂客体。既侵犯了国家有关金融凭证的管理制度，同时又对公私财产的所有权造成损害。从广义上来说，汇票、本票、支票都属于银行的结算凭证，与委托收款凭证、汇款凭证、银行存单等其他银行结算凭证等金融凭证具有相同的性质。但作为本罪行为对象的金融凭证，则仅是指委托收款凭证、汇款凭证及银行存单。如果使用伪造的、变造的汇票、本票、支票进行诈骗，构成犯罪的，不构成本罪，而应是票据诈骗罪。案例中的单位定期存款开户证实书是接受存款的金融机构向存款单位开具的人民币定期存款权利凭证，其性质上是一种金融凭证，它与存单同样起到存款证明作用，因此属于其他银行结算凭证的范畴。银行进账单是银行为收款人收妥款项后，出具给收款人的证明款项已收入其账户的凭证，也应属其他银行结算凭证。因此，案例中的胡某某使用伪造的定期存款开户证实书及银行进账单，骗取乙公司存款，数额特别巨大，给国家和人民利益造成特别重大的损失，构成了金融凭证诈骗罪。

（浙江海贸律师事务所主任律师：周智敏）

-------------------------------------------------------

## ● 案后启示

### 💡 防范提示：

　　近年来，我国经济金融总体运行平稳，但国内外形势复杂多变，一些贷款中介机构通过与部分银行员工内外勾结，从银行骗取贷款，再转投入高风险行业，使银行声誉和资金受到严重损害。我国司法解释降低了骗贷和违法放贷的立案标准，也增加了银行内部人员违规行为转化为犯罪案件的情形。

　　为适应目前的金融法制环境，做好对金融诈骗活动的风险防范，银行等金融机构需要从以下几方面入手：（1）树立反欺诈理念，健全反欺诈实施方案。对各业务和管理条线欺诈交易进行监测分析、调查报告，建立银行内部通畅的风险报告制度，建立欺诈事件的监测预警机制，以各类业务产品为切入点，逐步实现从客户整体层面对欺诈事件的预警，注重对安全和欺诈预防情况的整体评估。（2）加强对员工的反欺诈培训，针对不同岗位员工采取灵活的培训方式。（3）强化对客户的风险提示工作。对客户如何保护本人资料、银行卡、密码等资料做出风险提示，从源头上减少欺诈行为的发生。（4）加强对各类欺诈风险的防控。（5）强化科学技术防范，银行要运用先进的科技器材和手段，不断根据业务发展和实践情况优化升级银行各类业务系统，支持各类管理信息的适时、准确生成，预防犯罪行为。（6）深化防控案件、人人有责的思想。一旦发现有欺诈或疑是欺诈行为的情况，要及时向上级行和有权机关报告。

## 法律传真：

《刑法》第 194 条第 1 款规定：有下列情形之一，进行金融票据诈骗活动，数额较大的，处五年以下有期徒刑或者拘役，并处二万元以上二十万以下罚金；数额巨大或者有其他严重情节的，处五年以上十年以下有期徒刑，并处五万元以上五十万元以下罚金；数额特别巨大或者有其他特别严重情节的，处十年以上有期徒刑或者无期徒刑，并处五万元以上五十万元以下罚金或者没收财产：

（一）明知是伪造、变造的汇票、本票、支票而使用的；

（二）明知是作废的汇票、本票、支票而使用的；

（三）冒用他人的汇票、本票、支票的；

（四）签发空头支票或者与其预留印鉴不符的支票，骗取财物的；

（五）汇票、本票的出票人签发无资金保证的汇票、本票或者在出票时作虚假记载，骗取财物的。

使用伪造、变造的委托收款凭证、汇款凭证、银行存单等其他银行结算凭证的，依照前款的规定处罚。

☞ **相关链接：**

### 1. 如何区分罪与非罪的界限？

实践中，在区分金融凭证诈骗罪的罪与非罪时，主要注意从以下方面区分：

首先，从主观上看，行为人对自己使用的委托收款凭证等其他银行结算凭证是否明知是伪造、变造的以及是否有非法占有公司财物的目的。如果行为人对所使用的委托收款凭证等其他银行结算凭证不知道是伪造或变造的或者虽然明知但不以非法占有为目的而使用的，不构成犯罪。

其次，从客观上看，使用伪造、变造的委托收款凭证、汇款凭证、银行存单等其他银行结算凭证进行诈骗活动，涉嫌下列情形之一的，应予立案追诉：（一）个人进行金融凭证诈骗，数额在一万元以上的；（二）单位进行金融凭证诈骗，数额在十万元以上的。（最高人民检察院、公安部《关于公安机关管辖的刑事案件立案追诉标准的规定（二）》（2010 年 5 月 7 日）第五十二条）

### 2. 如何区分本罪与诈骗罪的界限？

本罪与诈骗罪，两者之间存在法条竞合关系。行为人以金融凭证进行诈骗属于诈骗罪的一种表现形式，前者即本罪为特别法条，后者即诈骗罪为一般法条。根据法条竞合适用的原则，除有特别规定的除外，应依特别法条（本罪）定罪量刑。

从理论上看，它们有许多相同之处。但区别主要是：（1）诈骗行为发生的时空不同。前者只能发生在金融活动中；后者只能发生在金融活动以外。（2）诈骗的方式不同。前者是通过使用伪造、变造的委托收款凭证等其他银行结算凭证这一金融道具实施的；后者是使用法律没有明文规定的道具实施的。（3）犯罪客体不同。前者侵犯的是复杂客体，即国家对金融凭证的监督、管理制度和公私财产所有权；后者只是公私财产的所有权。（4）犯罪主体不同。前者包括自然人和单位；后者只能是自然人。实践中，如果行为人在非金融活动中使用伪造、变造的其他银行结算凭证实施诈骗，构成犯罪的应当以诈骗罪定罪处罚。反之，金融活动中使用伪造、变造的其他银行结算凭证进行诈骗，构成犯罪的则应当以金融凭证诈骗罪定罪处罚。

### 3. 如何区分本罪与票据诈骗等罪的界限？

本罪与票据诈骗罪、信用卡诈骗罪、信用证诈骗罪的界限。从理论上说，它们的主要区别是：（1）实施诈骗时所使用的金融道具不同。前者所使用的只能是伪造、变造的其他银行结算凭证；后者使用的分别是票据、信用卡或信用证，可以是伪造、变造的或真实的。（2）诈骗的手段不尽相同。前者只有使用行为一种；后者除使用行为外，还包括其他法定的行为方式，如签发空头支票或无资金保证的汇票、本票，骗取信用证或其他方法恶意透支等。（3）犯罪的直接客体不尽相同。前者侵犯的是国家对其他银行结算凭证的监督、管理制度和公私财产所有权；后者侵犯的分别是国家对金融票据、信用卡、信用证的监督、管理制度和公私财产所有权。实践中，如果从票据、信用卡、信用证均具有银行结算功能看，刑法对金融凭证诈骗罪的规定是属于普通性罪名，而对票据诈骗罪、信用卡诈骗罪、信用证诈骗罪规定则属于特殊性罪名，按照法学理论关于特别法优先于普通法适用的一般精神，对以票据、信用卡、信用证实施诈骗构成犯罪的，只能以票据诈骗罪、信用卡诈骗罪、信用证诈骗罪定罪处罚，不能以金融凭证诈骗罪定罪处罚。

# 信用证诈骗罪

XINYONGZHENGZHAPIANZUI

# 案例　伪造单据实施信用证诈骗，
## 判刑又罚金罪当其罚

## 🔍案情扫描一：

　　被告人朱某于 1997 年 12 月至 1998 年 6 月间以虚假的"盛昌商业股份有限公司"的名义，分别与有进出口权的 D 省商业联合总公司进出口公司、中国国际企业合作公司签订进口委托代理协议。后 D 省商业联合总公司进出口公司经中国工商银行省分行开具 1 单金额为 56.4 万美元的远期信用证，折合人民币 4676575.2 元；中国国际企业合作公司经中国建设银行 B 省分行开具 4 单总金额为 137.64 万美元的远期信用证，折合人民币 11396415.3 元。朱某遂使用伪造的商业发票、质保书、提单等信用证随附单据，将 5 单信用证项下的资金折合人民币 16072990.5 元全部贴现并骗取。案发前，朱某返还 D 省商业联合总公司进出口公司人民币 295 万元及中国国际企业合作公司人民币 125 万元，尚欠两公司共计人民币 11872990.5 元无法返还。朱某作案后被查获归案。法院认为，被告人朱某以非法占有为目的，虚构事实，并使用伪造的信用证随附单据，多次骗取国有公司的钱款，诈骗数额特别巨大，情节、后果均特别严重，亦给国有财产造成特别重大损失，故以信用证诈骗罪判处朱某死刑，缓期 2 年执行，剥夺政治权利终身，没收个人全部财产。

## 案情扫描二：

1998 年年初，被告人闻某伙同香港全达科技企业公司（以下简称"全达公司"）总经理王某（另案处理），虚构 B 市天顺电子信息有限公司（以下简称"天顺公司"）向"全达公司"进口电脑配件的事实，以"天顺公司"、"全达公司"名义，分别与 A 市宝利晟对外贸易有限公司（以下简称"宝利晟公司"）签订合作经营协议及进口协议，诱骗"宝利晟公司"于同年 8 月 25 日至 12 月 22 日为"天顺公司"先后开具 26 张不可撤销远期信用证，总金额为 1195 万美元，受益人均为"全达公司"。之后，闻某伙同王某先后将 26 张总价值仅为人民币 10 余万元的冒用海运提单、16 张伪造的汕头海关报关单，通过银行或直接交给"宝利晟公司"，并由闻某在没有收到货物的情况下签发承诺付款单据，诱骗"宝利晟公司"对外支付给"全达公司"1195 万美元。上述 26 张信用证由王某在香港贴现后，被告人闻某将其中 7 张信用证项下的货款 323 万美元，以 2000 余万元等值人民币支付给"宝利晟公司"，其余 19 张信用证项下的 872 万美元货款仅支付给"宝利晟公司"300 余万元人民币。经法院审理查明，"天顺公司"于 1995 年 5 月注册成立，被告人闻某在该公司任董事，并实际负责公司经营。1998 年 4 月，被告人闻某在没有真实贸易的情况下，以"天顺公司"名义委托"宝利晟公司"向"全达公司"购买电脑配件。被告人闻某与"宝利晟公司"签订《代理进口协议》，"宝利晟公司"与"全达公司"签订外贸合同。"宝利晟公司"通过信用证方式支付"全达公司"货款。"全达公司"提供了与信用证项下货款金额不符的海运提单，被告人闻某没有收到"全达公司"提供的货物，却向"宝利晟公司"表示同意付款，共同骗取"宝利晟公司"通过信用证方式支付的货款共计人民币 7000 余万元。被告人闻某犯信用证诈骗罪，判处有期徒刑 15 年，并处罚金人民币 5000 元，于判决生效第 2 日起 3 个月内支付。

## ⚖️ 法律析疑：

信用证诈骗罪是指以非法占有为目的，利用信用证进行诈骗活动，数额较大的行为。信用证是一种银行的付款保证，属于银行信用，其一旦遭到破坏，必然造成国家贸易秩序紊乱，破坏国家金融秩序，动摇信用证制度的根基。同时，信用证诈骗行为往往使银行、公司、企业等蒙受巨额财产损失，合法财产权益受到严重侵害。因此，惩治信用证诈骗罪对重塑社会信用具有十分重要的现实意义。信用证诈骗罪的客观方面表现为使用伪造、变造的信用证或者附随的单据、文件、使用作废的信用证，骗取信用证以及以其他方法进行信用证诈骗活动的行为。信用证诈骗罪与一般诈骗罪主要不同之处是整个诈骗活动紧紧围绕信用证为中心展开，信用证为犯罪工具。

（浙江海贸律师事务所律师：李文彬）

## ● 案后启示

## 💡 防范提示：

一是提高业务人员素质。信用证诈骗罪是一种智能型犯罪，利用信用证进行诈骗的行为人往往具有信用证支付及相关的金融、海运业务等专业知识。因此只有具有相当程度的经贸和法律知识以及丰富的实践经验的业务人员，才能对其加以防范和扼制。业务人员在实际业务操作中，不接受信用证的"陷阱"条款，及时识破其虚假之处，不受急于出口创汇心理所影响，而是时刻保持着较强的风险防范意识，是防止和减少信用证诈骗的根本所在。二是银行要严格审单。信用证是单证交易，只要卖方提交的单据表面符合信用证条款的规定，银行即应支付货款。但若银行审单不严，存有疏漏，未发现单证表面上的不符点，以致使不应发放的款项被诈骗者拿走，则银行应承担赔偿责任。三是加强国际间的信息交流。信用证诈骗是跨国犯罪，迫切需要各国的密切合作。

各国建立畅通的信息交流体系，及时通报本国的信用证诈骗发展动态、贸易商和银行资信状况，有利于诚实的贸易商和银行在从事国际贸易中警惕从事，预防诈骗发生。

---

## 📠 法律传真：

《刑法》第 195 条　有下列情形之一，进行信用证诈骗活动的，处五年以下有期徒刑或者拘役，并处二万元以上二十万元以下罚金；数额巨大或者有其他严重情节的，处五年以上十年以下有期徒刑，并处五万元以上五十万元以下罚金；数额特别巨大或者有其他特别严重情节的，处十年以上有期徒刑或者无期徒刑，并处五万元以上五十万元以下罚金或者没收财产：

（一）使用伪造、变造的信用证或者附随的单据、文件的；

（二）使用作废的信用证的；

（三）骗取信用证的；

（四）以其他方法进行信用证诈骗活动的。

第 200 条　单位犯本节第 192 条、第 194 条、第 195 条规定之罪的，对单位判处罚金，并对其直接负责的主管人员和其他直接责任人员，处五年以下有期徒刑或者拘役；数额巨大或者有其他严重情节的，处五年以上十年以下有期徒刑；数额特别巨大或者有其他特别严重情节的，处十年以上有期徒刑或者无期徒刑，并处罚金。

## 👉 相关链接：

### 1. 信用证诈骗罪的罪数形态如何把握？

构成信用证诈骗罪，行为客观上必须实施"使用行为"、"骗取行为"、"其他行为"三种行为之一，如果行为人的诈骗活动兼具上述两种或者两种以上行为的，属于同种数罪，不实行并罚。信用证诈骗罪一般具有主辅两个行为。主行为是信用证诈骗罪的必要行为，辅行为是信用证诈骗罪的选择行为。实践中，行为人进行信用证诈骗活动，往往要先实行辅行为，如伪造、变造信用证，附随的单据、文件，骗取信用证，制订"软条款"等，然后再实施使用上述信用证以骗取货款这一主行为。行为人为使用信用证而伪造、变造信用证或者附随的单据、文件的，骗取信用证的，制订"软条款"的，都是信用证诈骗活动的先期行为，是为利用信用证诈骗作准备，可视作本罪的预备行为。但上述行为又可能构成《刑法》第177条伪造、变造金融票证罪，第280条伪造、变造国家机关公文、证件、印章罪或者伪造公司、企业、事业单位、人民团体印章罪。这属于牵连犯，可以按照牵连犯从一重罪处断的原则，按信用证诈骗罪论处，不实行数罪并罚。实践中，有的行为人利用银行的信贷融资业务，预先编造虚假的事实，谎称自己有进口商需要的货物，骗取进口商与其订立货物买卖合同并为其开立信用证，行为人得到信用证后，向自己所在地的银行申请信用证抵押贷款，以筹集货物。但事实上他们得款后并未真的去筹集货物，而是挪作他用或者携款潜逃。这种利用信用证骗取银行打包贷款的行为，既触犯本罪法条，又触犯第193条贷款诈骗罪，应依法条竞合重法优于轻法的原则，按信用证诈骗罪论处。

## 2. 有关信用证诈骗罪的司法解释：

最高人民法院《关于审理诈骗案件具体应用法律若干问题的解释》（法发〔1996〕32号）

利用信用证进行诈骗活动的，构成信用证诈骗罪。

个人进行信用证诈骗数额在10万元以上的，属于"数额巨大"；个人进行信用证诈骗数额在50万元以上的，属于"数额特别巨大"。

单位进行信用证诈骗数额在50万元以上的，属于"数额巨大"；单位进行信用证诈骗数额在250万元以上的，属于"数额特别巨大"。

# 信用卡诈骗罪

# 案例 恶意透支需入罪，信用卡使用需注意

## 案情扫描一：

2009 年 11 月份，被告人陈某在 A 市 C 区某银行支行办理了信用卡 1 张。2010 年 2 月至 4 月间，陈某连续持该信用卡消费透支，后经该行多次催讨仍不偿还，后该行工作人员于同年 9 月 9 日向公安机关报警，共计透支本金人民币 99502.69 元，贷款利息 5010.37 元（不包含复利 65.6 元）。C 区法院认为陈某以非法占有为目的，使用信用卡恶意透支，本息合计人民币 104513.06 元，数额巨大，经发卡银行多次催收后仍拒不归还，其行为已构成信用卡诈骗罪。依照《中华人民共和国刑法》第 196 条、第 67 条第 1 款的规定，判处其有期徒刑 3 年，并处罚金人民币 10 万元。

## 案情扫描二：

2007 年 7 月至 2008 年 12 月期间，范某先后向交通银行、中国光大银行等 13 家银行申领信用卡，并于 2007 年 8 月至 2009 年 6 月期间持卡透支消费、提取现金，超过规定限额或规定期限，经上述 13 家发卡银

行分别多次催收后仍不归还，金额共计人民币 215786.28 元。范某到案后，在家属帮助下退赔人民币 20 万元。此案经法院审理，被告人以非法占有为目的，使用多家银行信用卡恶意透支，数额巨大，其行为已构成信用卡诈骗罪，判处有期徒刑 3 年缓刑 3 年。

## 🔍 案情扫描三：

邹某于 2003 年 10 月向招商银行申领信用卡（卡号：518710 × × × ×571895、439225 × × × ×426685、518710 × × × ×186638、439225 × × × ×426693）后，于同年 10 月至 2007 年 3 月，透支消费共计人民币 5021.8 元，经银行多次催讨后仍不归还；于 2006 年 5 月向建设银行申领龙卡信用卡 1 张（卡号：532450 × × × ×343485），于同年 6 月至 2007 年 3 月，透支消费共计人民币 2333.08 元，经银行多次催讨后仍不归还；于 2006 年 9 月向 B 市发展银行申领信用卡 1 张（卡号：406365 × × × ×405451），于同年 10 月至 2007 年 4 月，透支消费共计人民币 11710.86 元，经银行多次催讨后仍不归还；于 2007 年 1 月向交通银行申领太平洋双币信用卡 1 张（卡号：521899 × × × ×478508），于同年 2 月至 3 月，透支消费共计人民币 8811 元，经银行多次催讨后仍不归还。经法院审理，依法判处被告人有期徒刑 2 年，并处罚金人民币 2 万元；被告人违法所得 27876.74 元予以追缴，退还各被害单位。

---

## ⚖️ 法律析疑：

信用卡诈骗罪是指以非法占有为目的，违反信用卡管理法规，利用信用卡进行诈骗活动，骗取财物数额较大的行为。利用信用卡，一般是指使用伪造的、作废的信用卡或者冒用他人的信用卡、恶意透支的方法进行诈骗活动。信用卡已经成为现代社会消费、结算的重要工具，其可超存款金额支付功能在给使用者带来便利的同时，也给了不法分子可乘之机。由于银行对信用卡申请人的材料进行的是形式审查，部分犯罪分子伪造收入证明的材料，骗取信用卡，而后进行恶意透支，经催收不归还或无力归还，给银行造成损失的同时，严重破坏了金融秩序。信用卡在该罪中是犯罪工具，而不是犯罪对象。因此，信用卡诈骗罪，简言之就是利用信用卡体现的信用所实施的诈骗犯罪活动。伴随着信用卡市场的蓬勃发展，各类信用卡犯罪也日益猖獗，而利用信用卡进行恶意透支诈骗银行资金表现得尤为突出，因此，预防和打击恶意透支，对于维护金融秩序，保障银行资金安全具有重大的现实意义。

（浙江海贸律师事务所律师：李文彬）

## ● 案后启示

### 💡 防范提示：

要消除信用卡犯罪的隐患，必须加强对信用卡的管理，将信用卡纳入规范化管理的轨道，确保信用卡市场健康稳定发展。一是严把发卡关。发卡机构在办理信用卡的过程中，要认真审核申领人的资料，注重对申领人的资信调查，确保申领人身份的真实性。二是银行要对自己的工作人员加强业务技能培训，建立完善的内部管理制度和专门的稽核工作体系，可以借鉴国外信用卡公司的做法，建立内部调查制度，如万事达、维萨等组织，建立了自己的调查员，帮助执法机构从各国收集证据，提供线索，甚至在审判犯罪分子时提供专家证人。三是建立信用卡风险预警管理和操作系统，有效地预测、分析、监控和排除在信用卡业务中可能发生的风险，使风险在最小范围内、最短时间内得到控制，同时对风险的扩大和发展进行新的预警管理。在发卡行之间、发卡行和警方之间加强合作和信息共享。各个发卡行之间协力建造共享的网络系统，定期交换资料，实现信息数据共享。四是发卡行要及时将可能发生和已经发生的欺诈事件通报警方，以便及时防范和打击犯罪。

### 📠 法律传真：

《刑法》第 196 条规定：有下列情形之一，进行信用卡诈骗活动，数额较大的，处五年以下有期徒刑或者拘役，并处二万元以上二十万元以下罚金；数额巨大或者有其他严重情节的，处五年以上十年以下有期徒刑，并处五万元以上五十万元以下罚金；数额特别巨大或者有其他特别严重情节的，处十年以上有期徒刑或者无期徒刑，并处五万元以上五十万元以下罚金或者没收财产：

（一）使用伪造的信用卡，或者使用以虚假的身份证明骗领的信用卡的；

（二）使用作废的信用卡的；

（三）冒用他人信用卡的；

（四）恶意透支的。

前款所称恶意透支，是指持卡人以非法占有为目的，超过规定限额或者规定期限透支，并且经发卡银行催收后仍不归还的行为。

盗窃信用卡并使用的，依照本法第二百六十四条的规定定罪处罚。

## ☞ 相关链接：

### 1. 信用卡诈骗罪的表现形式有哪几种？

一是使用伪造的信用卡。所谓伪造的信用卡，是指模仿信用卡的质地、模式、板块、图样以及磁条密码等制造出来的信用卡。所谓使用，是指以非法占有他人财物为目的，利用伪造的信用卡，骗取他人财物的行为。包括用伪造的信用卡购买商品、支取现金，以及用伪造的信用卡接受各种服务等。

二是使用作废的信用卡。作废的信用卡，是指根据法律和有关规定不能继续使用的过期的信用卡、无效的信用卡、被依法宣布作废的信用卡和持卡人在信用卡的有效期内中途停止使用，并将其交回发卡银行的信用卡，以及因挂失而失效的信用卡。此外，使用作废的信用卡还包括使用涂改卡。所谓涂改卡是指被涂改过卡号的无效信用卡。这些信用卡本身因挂失或取消而被列入止付名单，但卡上某一个号码被压平后再压上另一个新号码用于逃避黑名单的检索。因此，涂改卡也是伪卡的一个种类。

三是冒用他人的信用卡。冒用是指非持卡人以持卡人的名义使用持卡人的信用卡而骗取财物的行为。根据我国有关信用卡的规定，信用卡均限于合法的持卡人本人使用，不得转借或转让，这也是各国普遍遵循的一项原则。但是，如果信用卡与身份证合放在一起而同时丢失，则可能给拾得者或窃得者创造冒用的机会。这些拾得者或窃得者在取得他人的信用卡后，可能会利用持卡人发觉遗失之前，或者利用止付管理的时间差，采取冒充卡主身份，模仿卡主签名的手段，到信用卡特约商户或银行购物取款或享受服务，这些都是冒用他人的信用卡进行诈骗犯罪的几种常见情形。

四是进行恶意透支。透支是指在银行设立账户的客户在账户上已无资金或资金不足的情况下，经过银行批准，允许客户以超过其账上资金的额度支用款项的行为。透支实质上是银行借钱给客户。所谓恶意透支，根据《刑法》第196条第2款的规定，是指信用卡的持卡人以非法占有为目的，超过规定限额或者规定期限透支并且经发卡银行催收后仍不归还的行为。善意透支和恶意透支的本质区别在于行为人在主观上的差异。两者在客观上都是造成了透支，但善意透支的行为人主观上有先用后还的意图，届时归还透支款和利息，而恶意透支的行为人透支是为了将透支款占为己有，根本不想偿还或者也没有能力偿还，在行为上采取潜逃的方式躲避债务。

依照刑法的规定，行为人除了实施上述四种行为之一以外，还必须具备数额较大的要件。如果数额不大，即使有上述行为，也属违法行为，不构成犯罪。至于什么是"数额较大"，目前尚无明确的司法解释。但根据1996年最高人民法院《关于审理诈骗案件具体应用法律若干问题的解释》规定，个人诈骗数额较大是指5000元以上。信用卡诈骗罪的数额较大的起点可以参照此规定以5000元为宜。

## 2. 有关信用卡诈骗罪的司法解释：

**（1）最高人民法院、最高人民检察院《关于办理妨害信用卡管理刑事案件具体应用法律若干问题的解释》（2009年12月16日起施行）**

**第一条** 复制他人信用卡、将他人信用卡信息资料写入磁条介质、芯片或者以其他方法伪造信用卡1张以上的，应当认定为刑法第一百七十七条第一款第（四）项规定的"伪造信用卡"，以伪造金融票证罪定罪处罚。

伪造空白信用卡 10 张以上的，应当认定为刑法第一百七十七条第一款第（四）项规定的"伪造信用卡"，以伪造金融票证罪定罪处罚。

伪造信用卡，有下列情形之一的，应当认定为刑法第一百七十七条规定的"情节严重"：

（一）伪造信用卡 5 张以上不满 25 张的；

（二）伪造的信用卡内存款余额、透支额度单独或者合计数额在 20 万元以上不满 100 万元的；

（三）伪造空白信用卡 50 张以上不满 250 张的；

（四）其他情节严重的情形。

伪造信用卡，有下列情形之一的，应当认定为刑法第一百七十七条规定的"情节特别严重"：

（一）伪造信用卡 25 张以上的；

（二）伪造的信用卡内存款余额、透支额度单独或者合计数额在 100 万元以上的；

（三）伪造空白信用卡 250 张以上的；

（四）其他情节特别严重的情形。

本条所称"信用卡内存款余额、透支额度"，以信用卡被伪造后发卡行记录的最高存款余额、可透支额度计算。

**第二条** 明知是伪造的空白信用卡而持有、运输 10 张以上不满 100 张的，应当认定为刑法第一百七十七条之一第一款第（一）项规定的"数量较大"；非法持有他人信用卡 5 张以上不满 50 张的，应当认定为刑法第一百七十七条之一第一款第（二）项规定的"数量较大"。

有下列情形之一的，应当认定为刑法第一百七十七条之一第一款规定的"数量巨大"：

（一）明知是伪造的信用卡而持有、运输 10 张以上的；

（二）明知是伪造的空白信用卡而持有、运输 100 张以上的；

（三）非法持有他人信用卡 50 张以上的；

（四）使用虚假的身份证明骗领信用卡 10 张以上的；

（五）出售、购买、为他人提供伪造的信用卡或者以虚假的身份证明骗领的信用卡 10 张以上的。

违背他人意愿，使用其居民身份证、军官证、士兵证、港澳居民往来内地通行证、台湾居民来往大陆通行证、护照等身份证明申领信用卡的，或者使用伪造、变造的身份证明申领信用卡的，应当认定为刑法第一百七十七条之一第一款第（三）项规定的"使用虚假的身份证明骗领信用卡"。

**第三条** 窃取、收买、非法提供他人信用卡信息资料，足以伪造可进行交易的信用卡，或者足以使他人以信用卡持卡人名义进行交易，涉及信用卡1张以上不满5张的，依照刑法第一百七十七条之一第二款的规定，以窃取、收买、非法提供信用卡信息罪定罪处罚；涉及信用卡5张以上的，应当认定为刑法第一百七十七条之一第一款规定的"数量巨大"。

**第四条** 为信用卡申请人制作、提供虚假的财产状况、收入、职务等资信证明材料，涉及伪造、变造、买卖国家机关公文、证件、印章，或者涉及伪造公司、企业、事业单位、人民团体印章，应当追究刑事责任的，依照刑法第二百八十条的规定，分别以伪造、变造、买卖国家机关公文、证件、印章罪和伪造公司、企业、事业单位、人民团体印章罪定罪处罚。

承担资产评估、验资、验证、会计、审计、法律服务等职责的中介组织或其人员，为信用卡申请人提供虚假的财产状况、收入、职务等资信证明材料，应当追究刑事责任的，依照刑法第二百二十九条的规定，分别以提供虚假证明文件罪和出具证明文件重大失实罪定罪处罚。

**第五条** 使用伪造的信用卡、以虚假的身份证明骗领的信用卡、作废的信用卡或者冒用他人信用卡，进行信用卡诈骗活动，数额在5000元以上不满5万元的，应当认定为刑法第一百九十六条规定的"数额较大"；数额在5万元以上不满50万元的，应当认定为刑法第一百九十六条规定的"数额巨大"；数额在50万元以上的，应当认定为刑法第一百九十六条规定的"数额特别巨大"。

刑法第一百九十六条第一款第（三）项所称"冒用他人信用卡"，包括以下情形：

（一）拾得他人信用卡并使用的；

（二）骗取他人信用卡并使用的；

（三）窃取、收买、骗取或者以其他非法方式获取他人信用卡信息资料，并通过互联网、通讯终端等使用的；

（四）其他冒用他人信用卡的情形。

**第六条**　持卡人以非法占有为目的，超过规定限额或者规定期限透支，并且经发卡银行两次催收后超过 3 个月仍不归还的，应当认定为刑法第一百九十六条规定的"恶意透支"。

有以下情形之一的，应当认定为刑法第一百九十六条第二款规定的"以非法占有为目的"：

（一）明知没有还款能力而大量透支，无法归还的；

（二）肆意挥霍透支的资金，无法归还的；

（三）透支后逃匿、改变联系方式，逃避银行催收的；

（四）抽逃、转移资金，隐匿财产，逃避还款的；

（五）使用透支的资金进行违法犯罪活动的；

（六）其他非法占有资金，拒不归还的行为。

恶意透支，数额在 1 万元以上不满 10 万元的，应当认定为刑法第一百九十六条规定的"数额较大"；数额在 10 万元以上不满 100 万元的，应当认定为刑法第一百九十六条规定的"数额巨大"；数额在 100 万元以上的，应当认定为刑法第一百九十六条规定的"数额特别巨大"。

恶意透支的数额，是指在第一款规定的条件下持卡人拒不归还的数额或者尚未归还的数额。不包括复利、滞纳金、手续费等发卡银行收取的费用。

恶意透支应当追究刑事责任，但在公安机关立案后人民法院判决宣告前已偿还全部透支款息的，可以从轻处罚，情节轻微的，可以免除处罚。恶意透支数额较大，在公安机关立案前已偿还全部透支款息，情节显著轻微的，可以依法不追究刑事责任。

**第七条**　违反国家规定，使用销售点终端机具（POS 机）等方法，以虚构交易、虚开价格、现金退货等方式向信用卡持卡人直接支付现金，情节严重的，应当依据刑法第二百二十五条的规定，以非法经营罪定罪处罚。

实施前款行为，数额在 100 万元以上的，或者造成金融机构资金

20万元以上逾期未还的，或者造成金融机构经济损失10万元以上的，应当认定为刑法第二百二十五条规定的"情节严重"；数额在500万元以上的，或者造成金融机构资金100万元以上逾期未还的，或者造成金融机构经济损失50万元以上的，应当认定为刑法第二百二十五条规定的"情节特别严重"。

持卡人以非法占有为目的，采用上述方式恶意透支，应当追究刑事责任的，依照刑法第一百九十六条的规定，以信用卡诈骗罪定罪处罚。

**第八条** 单位犯本解释第一条、第七条规定的犯罪的，定罪量刑标准依照各该条的规定执行。

**（2）最高人民检察院、公安部《关于公安机关管辖的刑事案件立案追诉标准的规定（二）》（2010年5月7日）**

**第五十四条** ［信用卡诈骗案（刑法第一百九十六条）］进行信用卡诈骗活动，涉嫌下列情形之一的，应予立案追诉：

（一）使用伪造的信用卡，或者使用以虚假的身份证明骗领的信用卡，或者使用作废的信用卡，或者冒用他人信用卡，进行诈骗活动，数额在五千元以上的；

（二）恶意透支，数额在一万元以上的。

本条规定的"恶意透支"，是指持卡人以非法占有为目的，超过规定限额或者规定期限透支，并且经发卡银行两次催收后超过三个月仍不归还的。

恶意透支，数额在一万元以上不满十万元的，在公安机关立案前已偿还全部透支款息，情节显著轻微的，可以依法不追究刑事责任。

# 有价证券诈骗罪

YOUJIAZHENGQUANZHAPIANZUI

# 案例  伪造债券欲发财，美梦破灭入牢笼

## 🔍 案情扫描：

　　被告人李某一直在 D 市环城东路老邮电局对面摆地摊买卖古玩。2003 年 6 月，李某从 E 县甲银行职工饶某手中收购了一张 1991 年甲银行第 6 期面值 1000 元没有盖章的金融债券，并持此券向原甲银行 D 市分行职工涂某咨询辨别真伪。此后至 2004 年 5 月，李某又多次从饶某手上购得未盖章的甲银行金融债券共计 242 张。在明知债券为伪造的情况下，涂某、李某却商量起发财的伎俩。随后，李某找人按规格刻好了组成"甲银行 D 市支行月湖办事处城镇储蓄所"公章所需要的所有单个字及"魏上林"三个字的私章一枚。盖好假章的金融债券则交给涂某去银行兑换，双方约定，所兑得的现金扣除本钱后二人平分。涂某收到盖有假公章和假私章的金融债券后，分别在甲银行 D 市支行正大分理处兑换了 6 次，共兑换到本息 28.4 万余元。D 市中级人民法院一审认为，涂某、李某利用伪造的甲银行金融债券骗取银行资金，数额特别巨大，其行为构成有价证券诈骗罪，分别判处二人有期徒刑 12 年和 13 年，并处罚金 5 万元。一审宣判后，两名被告均提起上诉。省高级人民法院维持原判。

### ⚖ 法律析疑：

有价证券诈骗罪是指使用伪造、变造的国库券或者国家发行的其他有价证券进行诈骗活动，数额较大的行为。本罪的主体是一般主体，凡达到刑事责任年龄并具备刑事责任能力的自然人均可构成。单位亦可以成为本罪的主体。本罪在主观方面只能由故意构成，且须以非法占有为目的，如果行为人出于过失而使用有价证券，如不知是伪造、变造有价证券而使用的不构成犯罪。案例中的涂某、李某明知自己所购的金融债券未盖公章，不是真实的债券，而私自刻章，伪造金融债券到银行进行诈骗且数额较大，显然已经构成了有价证券诈骗罪。

（浙江海贸律师事务所律师：李文彬）

## ● 案后启示

### 💡 防范提示：

值得注意的是案例中的其中一个被告人为银行工作人员，正是因为银行工作人员的身份为诈骗的得逞提供了有利条件。所以，对于金融机构来说，一是要加强法制宣传。向社会宣传预防有价证券诈骗犯罪的重要性。事实上，有价证券诈骗犯罪发案后，受害单位或个人应及时到公安机关报案，报案越及时，侦破的可能性也就越大。而且案件一旦侦破了，受害人可请求提起附带民事诉讼，通过法律来保护自己的合法权益。但实践中，有些人被骗后，出于对法律的无知，为了减少损失，转嫁风险，又用伪造、变造的国库券或国家发行的其他有价证券去骗别人，从而走上了犯罪的道路。因此，我们应当加强法制宣传的力度，使人民群众充分认识到有价证券诈骗犯罪的社会危害性，促使受害人积极向公安机关报案，也就是说，不仅要让社会公众知法、懂法，而且要让他们学会运用法律的武器来维护自己的合法权益。二是要加强反假宣传。加强反假国库券或其他有价证券的宣传，使社会公众树立戒备心理，防止受骗。可以说，受骗人贪图小利以及对假国库券或其他有价证券缺乏应有的警惕性，是有些有价证券诈骗犯罪之所以容易得逞的一个重要原因。银行等有关单位应加强宣传，让社会公众掌握识别国库券及其他有价证券真伪的一些基本常识，建立一道防线，尽可能防止这种犯罪行为的发生。如在某种证券发行前，在特定的地点组织宣传，向群众宣传有关知识。三是要选择典型案件向社会公布。向社会通报审理和判决情况，让社会认识到这类犯罪对国家、对社会造成的严重危害。同时，结合具体案件的审判，发出司法建议，针对金融部门存在的问题发出建议，帮助他们总结经验教训，加强管理，堵塞漏洞，采取有效措施防止再次发生此类案件。

## 法律传真：

《刑法》第 197 条规定：使用伪造、变造的国库券或者国家发行的其他有价证券，进行诈骗活动，数额较大的，处五年以下有期徒刑或者拘役，并处二万元以上二十万元以下罚金；数额巨大或者有其他严重情节的，处五年以上十年以下有期徒刑，并处五万元以上五十万元以下罚金；数额特别巨大或者有其他特别严重情节的，处十年以上有期徒刑或者无期徒刑，并处五万元以上五十万元以下罚金或者没收财产。

## 相关链接：

**如何区分有价证券诈骗罪与伪造、变造国家有价证券罪的界限？**

有价证券诈骗罪与伪造、变造国家有价证券罪是相互关联的犯罪，存在着共同点，如都是故意犯罪，都侵害了国家有价证券的管理制度。二者的主要区别有：

一是犯罪客体不同。本罪所侵害的客体是国家的有价证券管理制度和公私财产，而伪造、变造国家有价证券罪侵害的仅仅是国家有价证券管理制度。

二是客观方面不同。本罪的客观行为表现主要是使用伪造、变造的有价证券进行诈骗，目的是利用伪造、变造国家有价证券获得被害人的钱财；而伪造、变造国家有价证券则只是实施伪造、变造行为。司法实践中往往行为人先伪造、变造国家有价证券，然后使用伪造、变造国家有价证券进行诈骗，这种情况在认定时，应根据具体情况具体分析，一般按刑法牵连犯的理论，选择一重罪进行认定处理。另外还有一种情况，如果行为人伪造、变造国家有价证券后，自己并不直接进行诈骗，而是仅出售、转让给他人的，由于我国刑法未将出售伪造、变造国家有价证券的行为规定为犯罪，则仅构成伪造、变造国家有价证券罪。如果行为人伪造、变造国家有价证券后，不仅自己直接利用其伪造、变造的国家有价证券实施诈骗行为，同时又将伪造、变造的国家有价证券出售、转让他人的，则行为人同时构成伪造、变造国家有价证券罪和伪造、变造国家有价证券诈骗罪。

# 保险诈骗罪

# 案例 1　虚构身份骗取医保基金，
## 判刑又罚金罚当其罪

## 🔍 案情扫描：

2009 年 8 月 4 日，范某某雇佣的小工蒋某左手受伤至 A 市人民医院附属第二医院住院治疗，范某某用自己名字代替蒋某做了住院登记并支付了医疗费 5 万多元。2009 年 8 月 9 日，范某某、苏某某经预谋，由苏某某至本市新型农村医疗业务管理中心，利用范某某的新型农村合作医疗卡，以虚构范某某保险事故的方式骗得农保基金 12332.50 元。2010 年 2 月 23 日，被告人范某某、苏某某将骗得的 12332.50 元退还给新型农村医疗业务管理中心。此案经法院审理，依法判处范某某有期徒刑 9 个月，缓刑 1 年，并处罚金 2 万元；苏某某拘役 6 个月，缓刑 1 年，并处罚金 1 万元。

## ⚖️ 法律析疑：

被告人范某某、苏某某结伙，虚构保险事故，进行保险诈骗活动，数额较大，其行为均已构成保险诈骗罪，系共同犯罪。范某某、苏某某罪当其罚。被告人是企业主，蒋某是其雇佣的小工，因依照民法以及侵权责任法相关规定，用人单位的工作人员因执行工作任务造成他人损害的，由用人单位承担侵权责任，而小微企业出于企业盈利考虑往往只给部分员工办理保险，当其他员工出现工伤时，由于没有办理保险，企业主又想投机，骗取保险金以弥补员工工伤的医疗支出。这类案件在小微企业较多的江浙一带非常具有典型性，此类案件除了给企业主个人造成损失，也不利于社会稳定。

（浙江海贸律师事务所律师：李文彬）

## 案例 2　制造车祸骗保险，获罪判刑终不值

### 🔍 案情扫描一：

2009 年 11 月份左右，因被告人所购买的事故车辆浙 JRR076 雷诺梅甘娜轿车修理费用较高，被告人陈某某、尤某某经商量决定将该车投保保险公司后通过故意制造交通事故骗取保险金，并由被告人尤某某联系保险公司投保。同年 12 月 9 日，被告人尤某某将该车投保在被告人叶某某所在的某保险公司 A 市 B 区支公司，被告人叶某某明知被告人陈某某、尤某某为骗取保险金投保，仍承诺在事故定损时予以关照。同年 12 月 17 日晚，被告人陈某某、尤某某趁被告人叶某某在公司值班，负责现场勘查、定损之机，由被告人尤某某驾驶向他人借得的浙 J20677 福达小货车在前行驶，被告人陈某某乘坐由其临时纠集的被告人鲍某某驾驶的浙 JRR076 雷诺梅甘娜轿车在后，于当晚 21 时许在路院路一级公路 C 区肖夯岭隧道东侧 100 米处故意制造了两车相撞事故。事后，被告人叶某某因事故损失超出其定损范围而按正常事故处理程序向公司汇报，并由公司理赔部主任及核损员经勘查受损车辆并剔除可疑索赔部分后，让被告人叶某某定损。尔后，被告人陈某某以此次故意制造的事故向保险公司骗得保险金人民币 59976.50 元。案发后，被告人尤某某、鲍某某先后主动向公安机关投案并如实供述犯罪事实。被告人尤某某归

案后提供线索，协助公安机关抓获其他犯罪嫌疑人 1 名。被告人叶某某因公安机关怀疑其参与作案而电话通知其到案，被告人叶某某遂交代了犯罪事实并在二审期间，抓获犯罪嫌疑人 1 名。本案在审理过程中，被告人尤某某、叶某某各退赔 10000 元。A 市 C 区人民法院以保险诈骗罪判处被告人陈某某有期徒刑 5 年，并处罚金人民币 5 万元；判处被告人叶某某有期徒刑 4 年 6 个月，并处罚金人民币 2 万元；判处被告人尤某某有期徒刑 3 年，缓刑 4 年，并处罚金人民币 2 万元；判处被告人鲍某某有期徒刑 2 年，缓刑 3 年，并处罚金人民币 2 万元。

## 🔍 案情扫描二：

2011 年 10 月 5 日晚，楚某勾结冯某、赵某和高某在一高速公路上一起"制造"追尾事故。高某驾驶的面包车停在最前面，赵某的欧宝轿车在中间，楚某驾驶别克轿车从后面撞上欧宝，欧宝又撞上了面包车。此后，他们拨打 110 电话报警，事故被认定别克轿车承担全部责任。嗣后，冯某以被保险人"陈艳"的名义填写一份车辆保险索赔申请书，骗取了保险公司费用共计 6.1 万余元予以分赃。B 市 C 区法院以保险诈骗罪分别判处楚某、冯某、赵某、高某有期徒刑 2 年缓刑 2 年至拘役 6 个月不等的处罚。

## ⚖ 法律析疑：

保险诈骗罪是指以非法获取保险金为目的，违反保险法规，采用虚构保险标的、保险事故或者制造保险事故等方法，向保险公司骗取保险金，数额较大的行为。保险诈骗的行为方式有以下五种：（1）财产投保人故意虚构保险标的，骗取保险金。故意虚构保险标的是指在与保险人订立保险合同时，故意捏造根本不存在的保险对象，以为日后编造保险事故，骗取保险金。（2）投保人、被保险人或者受益人对发生的保险事故编造虚假的原因或者夸大损失的程度，骗取保险金。（3）投保人、被保险人或者受益人编造未曾发生的保险事故，骗取保险金。（4）投保人、被保险人故意造成财产损失的保险事故,骗取保险金。这是指在保险合同期内,人为地制造保险事故,造成财产损失,以便骗取保险金。(5) 投保人、受益人故意造成被保险人死亡、伤残或者疾病,骗取保险金的。这是指在人身保险中,为骗取保险金,制造赔偿条件,故意采用不法手段,造成被保险人的伤亡或疾病。行为人具备上述五种行为方式之一,骗取保险金数额较大的,构成保险诈骗罪。参照最高人民法院《关于审理诈骗案件具体应用法律的若干问题的解释》,个人进行保险诈骗数额在 10000 元以上的,属于"数额较大"。案例 1 中的被告人陈某某为骗取保险金,伙同尤某某、鲍某某制造了交通事故,并联合保险公司工作人员叶某某骗取保险公司保险金 59976.50 元,显然构成了保险诈骗罪。而其他几个被告明知陈某某制造交通事故进行保险诈骗,却协助其完成,构成了保险诈骗罪的共犯。

(浙江海贸律师事务所律师:李文彬)

## ●案后启示

### 防范提示:

首先,保险公司要加强内部管理,进一步建立健全科学的承保和理赔程序,严格按照规章办事,严把承保进口程序和理赔出口程序,这是有效预防保险诈骗案件发生的重要措施。其次,要充分发挥社会的监督作用。对一些重大的索赔案件要向社会公布,设立举报电话,接受社会公众的监督,对于检举、揭发保险诈骗案件的单位和个人应给予适当的奖励。最后,保险公司应提供多项工伤保险,构建多档次工伤保险,服务小微企业,让小微企业主交得起保险,让小微企业员工能放心工作;同时,要加大法制宣传,使广大小微企业主认清保险诈骗的界限,使其意识到工伤投保的必要性,不要为蝇头小利去挑战法律权威;此外,还要督促与扶持并举,完善小微工伤保险体制构建,小微企业对社会有重要作用,而其本身却具有抗风险能力差,营利额小的特征,政府应提供扶持,帮助其为每个员工交纳工伤保险,并加大对其的督促力度。

# 警惕！身边的风险

---

## ● 法律传真：

《刑法》第 198 条规定：有下列情形之一，进行保险诈骗活动，数额较大的，处五年以下有期徒刑或者拘役，并处一万元以上十万元以下罚金；数额巨大或者有其他严重情节的，处五年以上十年以下有期徒刑，并处二万元以上二十万元以下罚金；数额特别巨大或者有其他特别严重情节的，处十年以上有期徒刑，并处二万元以上二十万元以下罚金或者没收财产：

（一）投保人故意虚构保险标的，骗取保险金的；

（二）投保人、被保险人或者受益人对发生的保险事故编造虚假的原因或者夸大损失的程度，骗取保险金的；

（三）投保人、被保险人或者受益人编造未曾发生的保险事故，骗取保险金的；

（四）投保人、被保险人故意造成财产损失的保险事故，骗取保险金的；

（五）投保人、受益人故意造成被保险人死亡、伤残或者疾病，骗取保险金的。

有前款第四项、第五项所列行为，同时构成其他犯罪的，依照数罪并罚的规定处罚。

单位犯第一款罪的，对单位判处罚金，并对其直接负责的主管人员和其他直接责任人员，处五年以下有期徒刑或者拘役；数额巨大或者有其他严重情节的，处五年以上十年以下有期徒刑；数额特别巨大或者有其他特别严重情节的，处十年以上有期徒刑。

保险事故的鉴定人、证明人、财产评估人故意提供虚假的证明文件，为他人诈骗提供条件的，以保险诈骗的共犯论处。

## ☞ 相关链接：

### 1. 如何正确认定保险诈骗罪？ ──────────────

一是划清保险诈骗罪与非罪行为的界限。关键在于骗取保险金的数额是否达到了较大，未达较大数额，可按一般的违反保险法的行为处理，达到较大数额构成保险诈骗罪。二是认定保险诈骗罪中涉及有关犯罪的问题。实施保险诈骗活动，故意以纵火、杀人、伤害、传播传染病、虐待、遗弃等行为方式制造财产损失、被保险人死亡、伤残、疾病的结果，骗取保险金的，依照《刑法》第198条第2款规定，按数罪并罚处罚，如放火罪与保险诈骗罪并罚，故意杀人罪与保险诈骗罪并罚，故意伤害罪与保险诈骗罪并罚，等等。

## 2. 有关保险诈骗罪的法律解释：

**(1)《中华人民共和国刑法》**

**第一百九十八条** 有下列情形之一，进行保险诈骗活动，数额较大的，处五年以下有期徒刑或者拘役，并处一万元以上十万元以下罚金；数额巨大或者有其他严重情节的，处五年以上十年以下有期徒刑，并处二万元以上二十万元以下罚金；数额特别巨大或者有其他特别严重情节的，处十年以上有期徒刑，并处二万元以上二十万元以下罚金或者没收财产：

（一）投保人故意虚构保险标的，骗取保险金的；

（二）投保人、被保险人或者受益人对发生的保险事故编造虚假的原因或者夸大损失的程度，骗取保险金的；

（三）投保人、被保险人或者受益人编造未曾发生的保险事故，骗取保险金的；

（四）投保人、被保险人故意造成财产损失的保险事故，骗取保险金的；

（五）投保人、受益人故意造成被保险人死亡、伤残或者疾病，骗取保险金的。

有前款第四项、第五项所列行为，同时构成其他犯罪的，依照数罪并罚的规定处罚。

单位犯第一款罪的，对单位判处罚金，并对其直接负责的主管人员和其他直接责任人员，处五年以下有期徒刑或者拘役；数额巨大或者有其他严重情节的，处五年以上十年以下有期徒刑数额特别巨大或者有其他特别严重情节的，处十年以上有期徒刑。

保险事故的鉴定人、证明人、财产评估人故意提供虚假的证明文件，为他人诈骗提供条件的，以保险诈骗的共犯论处。

（2）《中华人民共和国保险法》

**第一百七十六条**　投保人、被保险人或者受益人有下列行为之一，进行保险诈骗活动，尚不构成犯罪的，依法给予行政处罚：

（一）投保人故意虚构保险标的，骗取保险金的；

（二）编造未曾发生的保险事故，或者编造虚假的事故原因或者夸大损失程度，骗取保险金的；

（三）故意造成保险事故，骗取保险金的。

保险事故的鉴定人、评估人、证明人故意提供虚假的证明文件，为投保人、被保险人或者受益人进行保险诈骗提供条件的，依照前款规定给予处罚。

**（3）最高人民法院《关于审理诈骗案件具体应用法律若干问题的解释》（1996 年 12 月 24 日）**

进行保险诈骗活动，数额较大的，构成保险诈骗罪。

个人进行保险诈骗数额在 1 万元以上的，属于"数额较大"；个人进行保险诈骗数额在 5 万元以上的，属于"数额巨大"；个人进行保险诈骗数额在 20 万元以上的，属于"数额特别巨大"。

单位进行保险诈骗数额在 5 万元以上的，属于"数额较大"；单位进行保险诈骗数额在 25 万元以上的，属于"数额巨大"；单位进行保险诈骗数额在 100 万元以上的，属于"数额特别巨大"。

**（4）最高人民检察院研究室《关于保险诈骗未遂能否按犯罪处理问题的答复》（〔1998〕高检研发第 20 号）**

行为人已经着手实施保险诈骗行为，但由于其意志以外的原因未能获得保险赔偿的，是诈骗未遂，情节严重的，应依法追究刑事责任。

# 附录　金融风险面面观
## ——行长访谈录

FULU　JINRONGFENGXIANMIANMIANGUAN
——HANGZHANGFANGTANLU

● 中国人民银行台州市中心支行行长　肖宗富

　　高级经济师，杭州大学经济系金融专业毕业，经济学学士。先后担任中国人民银行台州市中心支行金融管理科科长助理、副科长，调查统计科副科长，黄岩区支行副行长，宣传群工部部长（兼工会办主任、团委书记），办公室主任，副行长，行长。在他的带领下，中国人民银行台州市中心支行工作业绩取得了较大提升。作为基层央行行长，他还致力于推动金融改革，服务实体经济发展，自2012年以来，推动台州创建小微企业金融服务改革创新试验区取得了显著成效。目前台州已成功获批浙江省小微企业金融服务改革创新试验区、全国小微企业信用体系建设试验区，并上线全国领先的台州市信用信息共享平台。此外，作为关心金融业发展的金融学者，他还先后在《中国金融》、《金融研究》、《金融评论》等刊物上发表过百余篇论文和调研报告，其中十余篇文章获省部级奖项。

● 中国工商银行台州分行行长　王国才

　　高级经济师，出生于海岛玉环，毕业于浙江银行学校，先后担任人民银行玉环县支行行长、中国工商银行玉环县支行行长、温岭市支行行长和台州分行副行长等职务，2009年2月起任中国工商银行台州分行党委书记、行长。在他的带领下，工行台州分行连续多年跻身全国工行系统二级分行经营"30强"，文明创建工作卓有成效，成为全市首家荣获"全国文明单位"和"全国五一劳动奖状"的金融机构。作为一位从基层网点起步并曾分管信贷业务近20年的"实战型"行长，王国才对银行业风险管理有其独到的方法、体会和见解。

● 中国农业银行台州分行行长　金跃强

　　高级经济师，现任台州市银行业协会会长，浙江大学首届 MBA 十大优秀校友。具有 30 余年金融从业经验，在省部级刊物上发表二十多篇理论研究文章。不断探索国有商业银行的经营管理办法，他所率领的团队在全国农行二级分行考核中名列前茅，被省委、省政府命名为"浙江省文明单位"、"浙江省职工职业道德建设先进单位"，先后被授予"全国金融系统思想政治工作先进集体"、"第四届全国农行学习型组织标兵单位"、"全国五一劳动奖状"等荣誉称号。

● 原中国银行台州分行行长　郑剑荣

　　浙江宁波余姚人，1989年9月部队转业进入金融系统，先后担任中国银行余姚支行营业部科长、计划信贷国际结算科科长，宁波分行信贷处副处长、信贷管理部副主任，北仑支行副行长、慈溪支行行长、宁波分行行长助理兼鄞州支行行长、中国银行衢州分行党委书记、行长，台州分行党委书记、行长等职务，现调中国银行浙江省分行任职。在衢州任职期间，中国银行衢州分行被当地政府评为"示范性学习型组织"、被监管部门列为"信得过的银行"、被当地公众和媒体誉为"最有人情味的银行"。他任职台州分行三年中，积极以发展为导向进行人事和分配体系改革，主动营造内外部经营环境，新增对公客户位居四大行第一，业务结构优化明显，内控管理日益严密。

● 中国建设银行台州分行党委书记、行长 郑 浩

　　祖籍黄岩，先后在金华、杭州等地工作，担任过建设银行兰溪支行副行长、金华分行审计处处长、省分行公司部副经理、杭州滨江支行行长等职务。在职期间经营业绩突出，尤其是在担任支行行长期间，取得系统内外综合考核多项第一的好成绩。到建设银行台州分行任职后，他提出了"强管理、防风险、带队伍"的发展思路，带领全行员工发奋图强、开拓进取，走出了一条在创新中进步，在稳健中提升的发展之路。

● 中信银行台州分行行长　郑爱民

　　会计师，中共党员。1979 年进入农业银行，历任农行温岭支行松门营业所主任、温岭支行财务科科长、台州分行财会处长、黄岩支行行长、金华市分行副行长等职。期间多次荣获省市农行系统先进工作者、优秀共产党员荣誉。2008 年 7 月调入中信银行，现任中信银行台州分行党委书记、行长。四年来，他率领团队主动挑战、主动担当、主动奉献，2013 年，中信银行台州分行获得杭州分行年度综合评比第一，并荣获台州市政府"支持地方发展优秀单位"、"台州市年度满意银行"、台州市人民银行综合评价 A 类、台州市银监分局监管评级 2A 级等多项荣誉，其个人先后被授予中信银行杭州分行"优秀共产党员"、中信银行总行"最有价值员工"等荣誉称号。

● 华夏银行台州分行行长　蒋国华

　　中共党员，浙江大学硕士研究生。曾任华夏银行杭州分行副首席信用风险官等职，现任华夏银行杭州分行党委委员、台州分行党总支书记、行长。自担任行长以来，加快转变经营模式，狠抓产品运用，深化结构调整，加强风险管理，大力降本增效，推进结构效益型发展，总体业绩有较大提升，各项工作实现有序、规范与高效运行态势。

● 浙江省农村信用社联合社台州办事处主任　崔全利

　　高级工程师，研究生学历，曾任宁波鄞县信用联社科技部经理、宁波市农金体改办电脑科科长、宁波市信合办科技与结算部主任、浙江省农信联社宁波办事处副主任等职。自工作以来一直从事农村金融的实务与管理，紧紧围绕"普及城乡　惠聚梦想　努力让每一位台州人都享有金融服务"的目标，推普惠强基础、控风险优管理、带队伍树品牌，充分发挥区域金融龙头地位的作用，带领全市9家行社5000余名员工致力于构建"基础金融不出村，综合金融不出镇"的服务体系。

● **台州银行董事长 陈小军**

　　高级经济师，荣获 2010 年和 2011 年度"中国银行业年度人物"、2012年度"创新型银行家"等称号。台州银行是全国唯一一家蝉联五届银监会"小微企业金融服务先进单位"的法人金融机构，被列为浙江省服务业重点企业和浙江服务名牌。自主开发的"小本贷款"产品被评为"2010 年服务小企业及三农十佳特优金融产品"，被业界称赞为国际小额信贷领域的"中国小本模式"。

● 浙江泰隆商业银行董事长　王　钧

　　高级经济师，浙江泰隆商业银行创始人。21年来，王钧率泰隆银行不断创新，总结出一套以"三品、三表、三三制"为特色的小企业金融服务模式，为小企业融资难这一国际性的"麦克米伦缺口"提供了中国式解答。泰隆银行4次被中国银监会评为"小微企业金融服务先进单位"，并被评为"全国先进基层党组织"、"全国文明单位"和"全国职工职业道德建设先进单位"。

**记者**：上海自贸区的建立，标志着中国深层次的金融改革已经拉开序幕，也表明中国将进一步融入全球经济金融体系。随着中国金融市场的进一步开放，外国金融资本一旦进入中国，真正渗透到中国人的生活，对中国金融业来讲是一个全方位的挑战：它不仅在体制、经营机制、人员素质和服务质量方面，更在金融立法方面尤为迫切。今天，我们有幸邀请到 10 位行长（董事长、主任），围绕金融风险防范等内容展开一次访谈。下面请各位结合本行近年来业务开展情况谈谈我国金融行业存在的风险主要有哪些？

**肖宗富（中国人民银行台州市中心支行行长）**：近年来，台州金融业总体运行良好，各项金融改革和发展措施稳步推进，金融生态环境进一步改善，金融总量较快增长，信贷投放结构继续优化，金融机构资本充足率、流动性、盈利能力等指标继续改善。2013 年末，全市金融机构本外币存款余额 5219.72 亿元，比年初增加 709.22 亿元，同比增长 15.76%；贷款余额 4454.11 亿元，比年初增加 540.02 亿元，同比增长 14.41%。由于宏观经济政策环境的变化、金融机构自身经营管理等原因，使得金融业仍然存在一些潜在风险，我认为金融风险主要包括信用风险、市场风险、操作风险、流动性风险、法律风险等。此外，随着科技进步，金融创新的不断推进，跨市场、跨行业风险、影子银行风险等也会逐渐显现。

一是信用风险。贷款等业务活动要求金融机构对借款人的信用水平做出判断。但由于信息不对称的存在，金融机构的这些判断并非总是正确的，借款人的信用水平也可能会因各种原因而下降。如借款企业担保代偿或承担大额担保责任、盲目扩张或过度投资、民间借贷、外部经营环境不佳、经营不善、内部纠纷等都有可能导致企业无法偿还贷款。因此，金融机构面临的一个主要风险就是交易对象无力履约的风险，即信用风险。在经营过程中，如果金融机构不能提高对信用风险的防范能力，对其稳健经营会带来负面影响。

二是流动性风险。流动性风险主要产生于银行无法应对因负债下降或资产增加而导致的流动性困难。当商业银行流动性不足时，它无法以合理的成本迅速减少负债或变现资产获取足够的资金，从而影响其盈利水平。总体来看，台州市银行机构流动性基本充裕，但随着外部经营环境变化及机构自身资产规模扩张等因素，流动性风险管理难度加大。

三是跨市场、跨行业金融风险。目前我国的金融市场由证券市场、期货市场、银行间债券市场、同业拆借市场、银行间外汇市场以及黄金市场构成。随着分业经营模式在实践中被逐步突破，银行、信托、证券、保险机构都在不断推出各种横跨货币、资本等多个市场的金融产品或工具。金融机构加快金融创新并没有错。但在提高金融机构竞争力的同时，也带来了风险在各金融机构和金融市场之间的相互传递。

四是影子银行风险。近年来，我国金融创新深入推进，影子银行体系日益活跃，在满足经济社会多层次、多样化金融需求的同时，也暴露出业务不规范、信息披露不充分、管理不到位和监管套利等问题。影子银行主要包括三类：（1）不持有金融牌照、完全无监管的信用中介机构，包括新型网络金融公司、第三方理财机构等；（2）不持有金融牌照，存在监管不足的信用中介机构，包括融资性担保公司、小额贷款公司等；（3）机构持有金融牌照、但存在监管不足或规避监管的业务，包括货币市场基金、资产证券化、部分理财业务等。按照定义估算，台州各类影子银行的业务量依次为民间融资、商业银行金融衍生品、第三方支付机构、小额贷款公司、担保公司、典当行等。影子银行的风险具有复杂性、隐蔽性、脆弱性、突发性和传染性，主要表现为：一是民间融资活跃，部分担保、典当隐性违规经营，多从事高利借贷业务，容易触碰非法集资犯罪红线。二是商业银行利用衍生产品创新规避监管，如理财产品等表外业务存在期限错配，容易引发流动性风险，同时降低金融宏观调控政策的实施效果。

**王国才（中国工商银行台州分行行长）：** 近年来，面对复杂多变的外部经营环境和日益激烈的同业竞争形势，我行在市委、市政府和上级行的正确领导下，牢固树立服务地方经济、服务中小企业、服务台州民生的经营理念，坚持内强素质、外塑形象的方针，努力拓宽业务领域、加快推进产品创新、不断提升服务品质，在全力为台州经济发展提供良好金融服务的过程中，实现各项业务稳健、持续、健康发展，自身盈利能力、风险控制能力、创新能力和核心竞争力不断增强。截至2013年底，我行本外币各项存款余额782.31亿元，各项贷款余额701.75亿元，存贷款余额在当地始终保持领先地位，资产质量和经营效益指标处于国内同业领先水平，年末不良贷款率0.58%，连续18年跻身全国工行系统二级分行"经营30强"。与此同时，我行坚持业务发展与队伍建设、企业文化建设相结合，先后荣获"全国文明单位"、"全国五一劳动奖状"等荣誉称号，在2012

年开展的全市银行系统民主评议行风活动和 2013 年行风评议"回头看"工作中，我行均取得了第一名。在各项业务快速发展的同时，我行在经营发展中还存在着一些薄弱环节，比如对小微企业金融扶持力度有待进一步加强、信贷结构有待进一步优化、客户质量有待进一步提升、营销方式有待进一步转变等，这也将是我行下阶段工作的重点。

至于金融行业的风险，我认为银行业是整个金融行业的核心，商业银行面临的风险在一定程度上也代表了整个金融行业面临的风险。根据《巴塞尔协议》，银行业的风险主要包括信用风险、市场风险、操作风险和声誉风险。当前，我认为中国银行业面临的主要风险还是信用风险，特别是由于信用风险引发的信贷风险。具体分析当前信用风险产生的原因，我认为主要有以下三个方面。一是经济速度放缓带来的影响。当前我国经济正由高速增长期向缓慢增长期转变，国家"十二五"规划明确，今后五年我国的经济增长率将维持在 7% 左右，这比改革开放 30 多年年均 10% 的经济增长率低了 3 个百分点。根据全球银行业与经济周期走势的经验显示，一国 GDP 每下降 1 个百分点，该国银行坏账将上升 0.7 个百分点左右。如果按照这样推算，经济增长率下降 3 个百分点，就意味着我国银行业不良率将会上升 2.1 个百分点。二是淘汰落后产能带来的影响。党的十八大将生态文明建设提升到战略高度，将进一步节约集约利用资源，加大对落后产能、污染行业的淘汰力度。国务院也专门下发通知，要求严格执法、淘汰落后、标本兼治、稳当推进，2012～2015 年期间关闭 2 万座小矿山，特别是加快对钢铁、水泥、光伏、造船、平板玻璃、煤化工、风电设备等产能过剩行业的淘汰整合，而目前银行业在这些行业都有大量贷款。三是产业升级带来的影响。产业升级过程中必然伴随着优胜劣汰，台州传统产业具有"低、小、散"特征，在产业升级过程中面临着严峻考验。除了上述信用风险之外，随着中国金融改革特别是金融脱媒化、利率市场化进程的加快，外部监管特别是我国新的资本管理办法的实施，商业银行的市场风险、流动性风险也越来越凸显，需要引起重视和关注。

**金跃强（中国农业银行台州分行行长）：**长期以来，农行台州分行围绕台州市委、市政府的工作部署，牢固树立"与客户共创价值，伴台州经济成长"的经营理念，加大信贷投入，加快金融创新，全力支持实体经济发展，自身业务得到快速发展。我行各项存款从 2007 年末的 269 亿元增至 2013 年的 649.28 亿元，四行市场份额提升 2.49 个百分点；各项贷款由

2007 年 218 亿元增加至 2013 年的 541.53 亿元，四行位次排名升至第二，占四行份额 25.63%，提升 2.56 个百分点。在经济下行、信用风险防控形势异常严峻情况下，不良贷款实现"双下降"。我行作为金融系统唯一单位连续四年获得台州市委、市政府"项目推进年、企业服务年"工作先进集体，在市政府银行支持地方经济考核中取得"6 连冠"，先后被评为"浙江省文明单位"、"浙江省职工职业道德建设先进单位"、"第四届全国农行学习型组织标兵单位"、"全国金融系统思想政治工作先进单位"。2012 年，作为台州市唯一单位荣获"全国五一劳动奖状"。

自 2008 年金融危机爆发以来，全球经济环境尚未明显好转，资本约束和监管要求不断提高，银行业风险管理普遍面临较大压力。总体上看，当前呈现风险源头增多，风险表现形式多元化，风险传导范围扩大，风险传播速度加快等特点。我认为，信贷风险的产生主要有以下几个方面的压力：一是外部经济形势未根本性好转，企业经营面临的不确定性因素仍然很大，资金链断裂风险较大。这表现在部分行业产能过剩问题依然突出（如光伏、造船、纺织），部分行业经营依然很不景气，长期处于微利经营甚至亏损经营状态，受行业因素影响，部分企业经营情况日益恶化，资金链十分脆弱。特别是在部分地区，由于当地信用环境受挫，传统的商业信用体系受到挑战，企业货款普遍要求以现金方式结算，增大了企业资金压力和财务成本。二是部分企业过度融资风险的释放仍需较长时间。前几年由于部分加工、贸易企业的主营业务赢利状况不好，部分企业利用前几年（特别是 2009～2011 年）银行信贷整体宽松的时机，以本地实体企业作为融资平台，从多家银行套取大量资金挪用于房地产开发或购置、资本市场投资甚至是民间借贷。由于受房地产市场不景气等因素影响，这部分游离于融资企业之外的信贷资金不仅并未产生实质的效益，反过来成为企业经营的沉重负担，高昂的财务成本支出和频繁的贷款到期周转，时刻考验着企业的资金链风险。三是担保链风险未得到有效遏制。当前，民营企业互保、连环保形成的"担保链"、"担保圈"现象比较普遍，呈现"线形"、"环状"、"网状"三种联结形式，通过这三种联结形式，使企业"担保链"不断扩大，最终因"担保链"而联系起来的企业成为信用风险共担体。

**郑剑荣（原中国银行台州分行行长）**：几年来，我行以理性的发展观为指引，坚持走结构转型、内涵发展、持续增长的道路，经营绩效增长稳定合理。我行账面净利润由 2010 年的 7.9 亿元增长到 2012 年的 10.02 亿元，年均增长率为 8.9%；人均净利润由 2010 年的 54.6 万元提升到 62.96 万元，年均增长率为 5.1%，均与经营规模和当地经济状况相吻合。我行实际本外币贷款 460 亿元，本外币存款 365 亿元，存贷倒挂差距逐步缩小，比 10 年前缩小了 40 亿，存贷结构也在持续优化。信贷资产质量是我们台州中行的一个品牌。截止 2012 年末，我行的综合不良率为 0.49%，全辖不良贷款余额为 22090 万元，成功经受住了金融危机和贷款业务快速发展的双重考验。同时，个人网银客户年均增量超过 21 万户，手机银行客户年增量超 16 万户，个人中高端客户年增量 1200 户，行政事业单位存款总额突破 60 亿元大关，代发薪创下历史新高。此外，我们通过完善内控考核机制，加强内控文化建设，深化以队伍建设为抓手的内控体系建设，较好地落实了安全有效管控的要求，并被当地人民银行评为台州市首家综合评价 A 类银行。

当前中国金融业风险防控工作存在许多的潜在压力，具体讲主要有以下五个方面：一是宏观经济下行的冲击。经济与金融紧密相连，息息相关。经济热则金融盛，经济冷则金融衰。经济形势越是下行，实体经济经营困难就愈有加大的趋势，风险预警企业增加，授信资产质量压力增大，不良贷款增加，就越是容易形成贷款损失。二是银行内控失效的风险。如：担保链风险、授信资金用途合规性问题、抵押品操作与管理方面的缺陷等等，都会使银行内控濒临失效的风险。尤其是担保链风险，一旦企业发生资金断链，它就会通过担保链直接影响担保企业的生产经营和资金周转，就如同多米诺骨牌效应，一个倒下，接下来倒下一串。并且这类风险潜在危害很大，不仅影响关联企业，还容易通过民间借贷引发风险，因为企业在挣扎求生的过程中，不到山穷水尽都不舍得放手，这类风险在它彻底暴露出来之前有一定的隐蔽性，处理起来通常比较棘手。三是影子银行泛滥的影响。信托、小额贷款公司、担保公司、典当行、民间借贷、委托贷款、地下钱庄等"影子银行"绕开信贷规模控制，游离于金融笼子之外，逃避了房地产调控政策，躲开了货币政策调控，使得宏观调控效果大打折扣，也给金融稳定带来了不确定因素。四是金融机构膨胀过快。银行业金融机构一旦膨胀过快，就会形成业务挤出效应，受同行竞争、审批效率、谈判能力等综合因素影响，相应就会出现多头授信、过度融资和担保链风险。

# 警惕！身边的风险

郑浩（中国建设银行台州分行党委书记、行长）：近年来，面对大调整、大提升的外部形势，我行紧紧抓住创新转型、结构调整的机遇，积极顺应当地政府"帮企业排忧解难，促实体经济发展"的要求，有效应对世界性经济危机引发的资产质量下滑压力，加大改革创新力度，加快新技术推广运用，前瞻性抓好风险防控工作，大力推广运用新产品，积极开辟融资新渠道，改善管理基础，完善服务功能，在较好满足地方经济金融服务需求的同时，促进了自身业务发展，全行客户数量快速增长，存贷规模迅速扩大，新兴产品取得突破，渠道建设迈上台阶。至 2013 年年底，全行各项贷款余额 405.1 亿元，同比增长 30.22 亿元；一般性存款余额 409.9 亿元，同比增长 53.68 亿元；中间业务毛收入 4.24 亿元，同比增长 0.31 亿元；全行各类机构总量达到 74 个，所有网点实现了综合化经营；各类自助设备总量达到 362 台，较 3 年前同期增长 159 台，增幅达到 71.9%。与此同时我行手机银行、电话银行、网上银行等新客户取得了大幅增长，黄金、基金、个人房贷等产品形成了自己的特色和品牌。我行业务取得发展的同时，还存在着一些相对不足之处，突出体现在我行从事中长期固定贷款的专业银行向综合性商业银行转型过程中，工商企业客户的数量与结构有待进一步积累与提升，对小微企业的风险防控能力有待进一步增强，这也是我行今后的工作重点之一。

按照《巴塞尔新资本协议》分类，金融业风险按诱发原因，一般分信用风险、市场风险、操作风险、流动性风险、国家风险、信誉风险及法律风险、战略风险八类风险。根据当前金融市场及行业特征反映，中国金融行业存在的主要风险还在于信用风险，以及由信用风险衍生的合规风险、法律风险与操作风险。产生信用风险的主要原因在于：一是外部环境变化的影响。外部经济走势、宏观政策和产业结构变化对金融业风险的影响，主要表现为经济不景气，市场需求萎缩、订单减少、产量过剩、企业开工不足、出口减少和航运业下行等。因此经济走势直接决定了信用风险发生概率。二是经营管理能力不足的影响。主要表现为部分企业经营管理能力不足，应收账款不断增多，难以适应日益加剧的竞争形势。三是信用担保链、资金链引发的风险。担保链发生风险后，企业承担担保责任债务，导致了自身资金链紧张继而引发信用风险，并不断向外围扩散，形成了"多米诺"现象。由于资金链等原因，企业贷款规模被压缩转而寻求民间融资，融资成本大幅增加，最终形成了经营风险。要根本杜绝信贷风险，我们应采取主动措施，一方面要为企业提供融资融智服务，想方设法减轻企业负担；另一方面要引导企业科学经营，减少企业由于投资、担保过度而引发信贷风险的概率。

**郑爱民**（中信银行台州分行行长）：我行自 2010 年 1 月开业以来，一直秉承中信银行"承诺于中，至诺于信"的理念，致力于寻找"中信优势"与"台州特征"的结合点和生长点。经营过程中，我行紧紧抓住业务发展和风险防控两条主线，坚持本土化经营，努力促进中信银行"立足台州、融合台州、服务台州"，取得了业务的快速健康发展。至 2014 年 5 月末，各项存贷款余额已超 200 亿，增量和增幅均居当地中小股份制银行前列，并连续四年保持信贷资产"零"不良。2013 年我行总资产增量排名位居全国中信系统地（市）二级分行第一。2011 年、2012 年分别被杭州分行评为"优秀公司银行"、"优秀零售银行"、"优秀投资业务银行"、"优秀同业业务银行"，并获得总行"小企业转型先锋奖"、"供应链业务开拓创新奖"等多项荣誉称号。2013 年，我行获得了不同层面的五个第一：在系统内，获得杭州分行年度综合评价第一；在当地中小股份制银行中，获得台州市政府"支持地方经济发展优秀单位"第一，获得"台州市年度满意银行"荣誉称号第一，获得台州市人民银行综合评价 A 类第一，获得台州市银监分局监管评级 2A 第一。同时，获得省公安厅"浙江省治安安全示范单位"荣誉称号。在前期的小微金融业务创新中，我行成功对接电商企业网络平台，开启了小微企业"网络化批量化"服务新模式，引起了社会各界的热烈反响。台州市尹学群副市长在全市银行行长联席会议上称赞："中信银行台州分行是全市金融机构的榜样，值得大家学习。"

四年来，我行以支持地方中小型实体经济为核心，积极探索服务手段的创新，经营模式的转型升级。分行本部设在椒江，并开设了路桥支行、三门支行、温岭支行、黄岩支行、玉环支行等分支机构。通过加大网点硬件设施投入和自助银行建设，实施网点销售化转型，积极营造"会所式银行、会所化服务"氛围。充分依托中国中信集团综合性金融平台优势，为客户提供投资银行、供应链、同业票据、资金资本、出国金融及网络金融等全方位、多渠道服务。与此同时，中信银行台州分行注重创新，坚持走特色化经营道路，先后推出了中小企业成长伴侣、种子基金贷款、线上POS 贷、互联网异度支付、高速公路不停车收费（ETC）及工商事务金融服务通等个性化产品业务，突破传统商业银行经营模式，向具有综合性服务功能的现代商业银行转型。近四年来，中信银行台州分行共支持企业782家，个体经营户589家，累计投放信贷389亿元，涉及台州各个行业，业务遍及台州各县市区。客户总量已突破3万户。服务理念和服务质量已日益得到了客户和社会的广泛认同。

随着我国全面深化改革这一新的历史时期的到来，中信银行台州分行将进一步解放思想，以我市争创"国家小微金融服务改革创新试验区"为契机，坚持机制、产品及经营模式的持续转型，以转型促发展，以转型控风险、以转型提效益。切实改善业务结构，突出小微化和实体化，提高小微比重，提高中长期贷款比重，提高直融业务比重。以务实、高效的服务，实现中信银行向"专、精、特"方向发展。

另一方面，当前我国的改革已进入深水期。由于持续受国内外宏观经济形势的不利影响，经济增速回升的幅度不大、内生动力不强，未来持续健康发展面临隐患。对于金融行业来说，无论在经营环境还是在经营要素上，都将受到新的挑战。我认为当前金融行业主要存在以下风险隐患：一是经营主体的产业空心化倾向，将进一步加剧商业银行信贷资产的不良反弹。从2013年商业银行不良贷款余额、不良贷款率连续三个季度上升的态势来看，由于多元投资、主业乏力，加上钢贸、造船、煤化工、水泥及光伏等行业产能过剩，导致企业大面积亏损，造成资金链断裂，进而引起担保圈债务连锁反应，金融市场企业"资金链、担保链"两链风险呈日益蔓延态势，导致商业银行不良贷款大幅增加，并呈现出向沿海发达区域集聚、向过剩行业集聚的特点。这对一些盈利能力不强、拨备不充分的商业银行来说，效益难以覆盖，经营与发展的压力骤然加大。二是贷款的集中度偏离，将诱发新一轮商业银行信贷资产安全隐患。由于全社会征信尚未真正健全，因信息不对称引起商业银行对小微企业的"惜贷"，致使商业银行基础资产向重点项目、基础设施集中，且集中度越来越高。这一集中度偏离，有悖于商业银行风险分散原则，不利于风险的防控。三是金融资产不断向体外转移并放大，宏观调控难度大大增加。由于金融衍生产品的不断创新，银行与非银机构的跨机构、跨行业的合作范围迅速扩大，容易形成监管"盲点"，庞大的金融资产的体外循环，很可能导致调控失灵，进而形成宏观层面的隐性风险。

**蒋国华（华夏银行台州分行行长）**：华夏银行台州分行成立于2010年11月，近年来致力于内外部环境建设，发展逐步进入常态化，至今年存贷款规模呈平稳向上增长态势，在系统内发展速度、效益进入前列。我认为，金融行业作为高风险行业，风险主要包括信用风险、市场风险、流动性风险、操作风险及法律风险等，银行业是我国资金融通的主体，在经营过程中所面临的主要是信用风险，包括表内的信贷类资产的质量和表外的担保、承诺和衍生金融交易业务等。形成信用风险的原因有：一是我国银行工作人员对信用风险管理的认识不够，管理理念陈旧，尚未形成正确的风险管理理念。二是信用风险管理人才匮乏，缺少分析与预测专家。三是银行信用风险定量管理落后，尚未建立信用风险的质量与管理的先进技术。四是尚未建立起一个健康的社会信用体系，企业信用情况难以真实反映。五是基础数据库有待充实，先进的信用风险管理技术难以运用到银行实际的信用风险管理当中去，管理结果有待检验。

**崔全利（浙江省农村信用社联合社台州办事处主任）：**台州农信系统秉持服务"三农"和小微企业的主方向，打造支农支小的主力军，巩固社区银行的主阵地，建设农村金融服务的主渠道，在提高地方经济贡献度的同时，实现自身业务的稳健发展。2012年末台州农信系统存贷总量跃居台州金融同业之首。2013年末，各项存款余额925.35亿元，年增146.6亿元；贷款余额637.44亿元，年增81.56亿元，发展势头依然强劲。同时，我们以承担社会责任为己任，在支持实体经济上领跑全市，2010年贷款增量首次位列第一，并连续保持2年，增量逐年增加。目前，小微企业贷款（包括个体生产经营户）占各项贷款余额的近90%。在经营最困难，不良贷款反弹压力最大的2012年，台州农信系统年末五级不良贷款率为2.05%，年度下降0.03个百分点，是全省11个地区唯一一下降的区域。至2013年末，不良贷款绝对额和比率继续保持双降，信贷资产质量持续向好。当前农信系统发展面临的主要问题是风险防控压力加大，不良贷款对公对私一增一降，企业关停现象频发；同业竞争加剧，农村地区金融竞争更为激烈；盈利空间收窄，营业收入增幅趋缓。

农村合作金融作为农村金融的主力军和其小法人机构的特征，决定了其具有独特的风险性，当前"五大风险"值得关注：一是信用风险。农村合作金融贷款对象以小微企业、农户为主，他们的抗风险能力有其天然的薄弱性。在目前经济尚处于缓慢复苏阶段，企业的流动资金链、担保链状况和经济转型等风险值得我们格外关注和重视。二是利率风险。贷款利率已告别了托底时代，存款利率市场化亦已是箭在弦上。农信系统中间业务起步晚、底子薄、人才缺，与资本市场、投资市场的对接资历有待丰富，短期内难以弱化利差收益在收入结构中的比重，在利率市场化推进过程中面临很大的利率风险。三是市场风险。金融脱媒和互联网金融的兴起削弱了银行的金融中介作用。金融机构以拓展电子银行业务作为提高竞争力有效手段的时机已到。浙江省农信联社依靠自身实力独立开发电子银行平台，旨在赢得与众多竞争对手相抗衡的地位。四是道德风险。个别员工参与民间融资、非法"倒贷"等行为有很强的隐蔽性和破坏性，是导致重大案件发生和资产损失的直接导火索。一些基层机构追求规模效应的错误倾向，以及员工日常操作中不合规的"小"问题，都可能埋下风险的"大"隐患。五是声誉风险。金融机构是被关注的焦点，一旦发生负面事件，极易引起网络媒体的曝光，带来难以挽回的声誉风险。

**陈小军（台州银行董事长）**：25 年来，台州银行坚持走差异化、特色化发展之路，长期以来专注于小微企业金融服务，与其他银行错位竞争，在小微企业金融服务领域确立了高效执行力、创新能力、风控能力、社区化营销能力及培训能力等方面的竞争优势，赢得了客户和市场的认同，保持了良好的发展态势，经营稳健，效益优良。截至 2013 年末，我行设立舟山、温州、杭州、宁波、金华、湖州 6 家分行和 74 家支行（含 17 家小微企业专营支行），并在北京、重庆、深圳、江西赣州及浙江三门、景宁等地主发起设立 7 家村镇银行，共有各类机构 126 家。全行（含主发起设立的村镇银行）资产总额 874.80 亿元，各项存款余额 737.00 亿元，各项贷款余额 532.91 亿元，小微企业贷款占比 77.06%，不良贷款率仅为 0.41%，员工总数 6000 多名。

2013 年以来，银行机构信用风险呈上升趋势，国内外经济金融形势更加复杂多变是导致信用风险产生的原因之一。从行业层面看，传统制造业几乎全部产能过剩，例如钢铁、水泥、玻璃、建材、造纸、造船、航运等。小微企业作为这些行业的集中领域，受损严重，这也进一步导致了以小微企业为经营主体的银行信用风险的发生。同时，在社会经济发展转型的特定时期，社会大众心态较为浮躁，金融知识普遍比较欠缺，容易被不良舆论所诱导，加上新媒体的传播速度和少部分银行机构从业人员素质不高等因素，银行机构往往容易被推到舆论的风口浪尖。一旦个体机构成为舆论焦点，产生声誉风险的可能性非常大，将有可能造成经营上的损失，甚至引发区域性金融风险。此外，激烈的市场竞争环境下，银行机构的操作风险快速增加。从操作风险爆发的原因来看，首先是银行机构从业人员的个人素质因素，特别是在中小银行高速扩张的过程中表现得尤为明显，人才梯队的培养滞后于业务的发展速度，造成银行内部人员素质参差不齐。其次是业务操作程序不规范，未严格执行内控制度。特别是在当前竞争激烈的市场环境下，少部分机构采取主观有意放松业务规范性要求，最终导致操作风险的发生。

**王钧（浙江泰隆商业银行董事长）**：2013 年，我行各项业务发展跃上新台阶。我行采取诸多措施，以社区化经营为抓手，不断夯实基础，存贷款业务协调发展，截至 2013 年 12 月末，我行本外币存款余额 603.80 亿元，较年初增加 155.90 亿元，增幅 34.81%；贷款余额 405.39 亿元，较年初增加 59.22 亿元，增幅 17.11%。我行围绕制度建设、产品建设、渠道建设和系统建设，不断深入精细化管理水平，2013 年信用卡业务得到稳健有序发展、资金业务实现稳中有进、电子银行业务发展势头强劲、理财业务以及国际业务持续增长。但在取得良好业绩的同时，也暴露出一些经营中存在的问题。受外部环境影响，我行的资产质量面临着一定的压力。特别是在当前我行处于快速发展阶段，人员结构相对较新，提高风险防范和识别能力，对业务的稳健发展至关重要。

对于银行业来说，存在的主要风险有：市场风险、信用风险、流动性风险和操作风险。在不同的经济周期内，银行面临的主要风险可能会有不同。2011 年的出现群体性"跑路"事件，信用风险集中暴露的趋势日渐明显；2013 年的"钱荒"现象，反映出流动性风险管理压力加大，而接下来的利率市场化、存款保险制度、汇率改革，则使银行业面临着较大的市场风险。防控风险，关键在于按照真正的商业银行的本质要求，提升经营管理的水平。大部分银行普遍采用抵质押的方式防控信用风险，银行自身判断风险和识别风险的能力偏弱；而业务结构不合理、期限错配往往会带来流动性压力；银行业整体市场化程度不高，"以客户为中心"的服务意识薄弱，在金融改革不断深化的大背景下，银行的经营压力逐渐增大。同时，现在是大数据、网络化的时代，互联网金融发展趋势加快。凡是能传递信息的渠道，也能够传递资金，某种程度上讲，资金也开始信息化了。银行业要加快内部系统建设的步伐，提高业务创新能力，及时响应市场变化，以更好应对来自互联网的跨界竞争压力。

**记者**：从银行业来说，应该如何防范金融风险？

**肖宗富（中国人民银行台州市中心支行行长）**：防范金融风险，我觉得可以从以下几方面着手：

一是完善金融立法，为金融风险的防范提供法律保障。金融运行质量取决于各相关主体的行为规范性，而金融法律制度是对金融机构及其金融业务所涉及的法律关系进行规范和调整的制度安排。因此，金融立法的最根本的目的就是规范和调整金融监督管理者与金融机构及金融机构客户之间的权力（职责）、权利和义务等法律关系，通过在政府失灵的领域强化监督管理，同时发挥市场在金融发展中的主导作用，实现金融监管与市场自律间的平衡和协调发展，以此降低系统性金融风险。因此金融风险的防范、控制和化解离不开金融法律制度的建立、健全和有效执行。

二是加强金融监管，防范系统性金融风险。面对新形势下的金融风险，金融监管部门要与时俱进，创新金融监管方式和手段，建立金融监管协调机制，对跨市场、交叉性的新产品、新业务，按"实质重于形式"的原则及时予以监管，防止监管空白和监管套利。开展金融机构稳健性现场评估和银行业风险业务专项现场评估，加强金融风险监测和排查，建立、健全系统性和区域性金融风险监测评估体系，完善风险防范处置应对预案。加强对影子银行的统计监测，动态掌握影子银行的运行态势，防范风险，提高金融宏观调控政策的实施效果。

三是健全风险预警和风险分担保障机制，提高风险防范和应对能力。（1）健全风险预警机制。金融机构要完善内部控制和管理制度，建立、健全内部风险预警机制，提高对潜在风险企业的识别能力，尤其是对于负债多、影响面广的风险企业，以及多头融资、异地贷款的企业，应及早介入，防范风险扩大蔓延。（2）建立风险分担保障机制。由政府部门出资和金融机构、其他组织捐资设立信保基金等，为企业融资提供信用担保，提高风险应对能力。

四是加快地方信用体系建设，构建和谐的金融生态环境。深入推进社会信用体系建设，建立金融服务信用信息共享平台，强化部门间沟通协调，充分发挥金融服务信用信息共享平台的作用，实现信息共享，营造"守信激励、失信惩戒"的良好信用环境。台州市已于 2014 年 7 月份建成了台州市信用信息共享平台，目前已采集 13 个部门 78 大类 600 多细项，涉及 40 多万个信息主体，共计 2100 多万条信用信息。

**王国才（中国工商银行台州分行行长）**：商业银行从本质上来说是经营风险的特殊企业，防控风险是商业银行永恒的主题，要想实现对金融风险的有效防控，我认为提升商业银行信贷风险管理水平是关键，在这方面我们工行台州分行做了很多有益的尝试。一是营造一种"求真务实"的信贷文化。所谓"求真"，就是要把企业的真实情况原原本本反映出来；所谓"务实"，就是通过方方面面非财务手段，实实在在地开展调查，不弄虚作假，不搞人为"包装"。台州企业尤其是小企业情况十分复杂，财务透明度低，如果仅仅遵照制度，光看企业的报表，是无法准确判断企业经营情况的，在实际工作中我们秉承"轻形式、重实质"的信贷理念，增强客户经理的风险防范意识，建立"尽职免责、失职追责"信贷风险责任追究机制。二是打造一支稳健而又勇于开拓的信贷队伍。客户经理既是拓展市场的排头兵，又是防控风险的第一道防线。为此，我行进一步打通客户经理晋升和退出通道，注重客户经理业务素质和个人品德考核，一方面把业务素质好、人品好的员工选拔到信贷队伍当中去，另一方面及时淘汰不适应岗位需要的人员，促使客户经理队伍吐故纳新，保证信贷队伍的流动性和活力。三是把好信贷管理"三个关口"。把好准入关，在客户准入上把握"六不入"、"六慎入"原则，即对过度投资、用途不清、他行降贷或退出、发展轨迹不清、环保措施不力及高息融资的企业不入，对"熟人"介绍、"生"人（初入行者）、融资大增、多头融资、多头投资及归行异常的企业慎入。同时，大力推行集体审议信贷制度，对新建信贷关系、抵押物高估、常规政策突破等业务进行集体审议，借助集体智慧，有效减少决策失误。把好调查关，强化对企业非财务因素的分析，一方面从地方政府、税务部门和当地龙头企业、同行人士和相邻企业中获取信息，了解企业真实情况；另一方面，通过企业用电量、职工人数和纳税等数据变化，分析企业实际产销和盈利状况，跟踪还贷资金来源，判断企业债务状况。此外，要把好检查关。加强贷后风险的集中监控，整合各类预警资源，通过模型再造，建立以客户链风险量化为核心的预警监测系统，突出强化对民间借贷、过度融资、销售归行、担保圈，增强信用风险集中监控的有效性；建立潜在风险定期排查机制，对于新拓展的客户、新发放的贷款，定期开展"回头看"，通过现场排查、交叉检查等方式，及时识别客户潜在风险，确保潜在风险贷款"早发现、早处置"。

**金跃强（中国农业银行台州分行行长）**：信贷风险是当前业务经营发展中碰到的最主要的风险。要提升信贷管理水平，必须做到扩面与提质并重，把好信贷"关口"，有效落实风险防范责任。

一是营销与风险管理两手抓。客户是银行经营活动的源头性资源，拥有优质客户的多少，是衡量一家银行可持续发展能力的一个重要标志。客户多了信贷结构调整才有足够的空间和余地，优质客户多了才能好中选好、优中选优，如果客户少了，只能矮中取长。一方面，任何时候都不能放松综合营销工作，信贷大投放要加强营销，信贷规模紧张时更要加强对优质客户的拓展；另一方面，任何时候都不能放松风险控制，尤其是在信贷大幅度增长的时候，更要加强信贷风险防控工作。从农行理念来说，"大行德广，伴您成长"要侧重于"伴您成长"，根据经济周期主动调整客户结构。

二是做好信贷"三查"文章。即贷前调查、贷时审查、贷后检查，只有把"三查"工作做细做实，信贷风险防控水平才能提高。落实贷前调查就是利用"三品（人品、产品、抵押品）三表（水电表、工资表、纳税表）"方法，提高调查针对性。企业家的人品很重要，是企业发展的基础，但光有人品还不行，关键是看产品，产品能不能变为商品，产品有没有竞争力。在高度重视第一还款来源的基础上，关注第二还款来源——抵押品的变现能力。结合"水电表"看企业真实经营状况，客户经理调查"工资表"了解企业工资发放情况，企业员工工资是不是有提高；加强与税务、海关等部门沟通，通过企业报表比对，确保数据真实性。抓好贷时审查是审查人员在做好对信贷事项的合规性、风险性审查的同时，还必须对调查报告内容的完整性、数据信息来源的可靠性进行审查，重点审查调查报告引用的客户信息和相关信息是否有明确、可靠的来源渠道，并经过必要的核实程序，查找分析推理部分有无足够的证据支撑。强化贷后检查是高度关注贷款流向、销货款回笼、还款来源及企业生产经营等情况。贷后检查要特别关注风险企业，注重抵质押物的合规性和足值性，在抵押物评估时，要综合考虑外部经济是处于上行还是下行，尤其是处在经济下行期，土地流拍很严重，企业抵押物不足值就要增加抵押物、增加担保。

三是落实全面风险防范责任，树立全面联动防控理念。具体做到"三个联动"。前后台联动，只有前后台联动，风险管理才能有效落实到位。业务联动，不仅重视法人信用风险管理，同时也要重视个人信用、银行卡和农户贷款的风险管理，做到法人、个人、信用卡和农户贷款的风险控制协同合作，共同防范。新型业务和传统业务也要联动，新业务发展过程中就要考虑风险。抓好潜在风险客户退出。不拘泥于强制性的现金收回这一传统退出式，而是根据客户的实际经营情况和第二还款来源保障程度的差异，量身订做，实行"一户一策"信贷客户退出机制。依法强退，着力保全风险资产。我们也要认识到，台州当地中小企业众多，一些企业虽面临经营危机，但产品有市场、项目有前景的客户，应采取扶持、培育方式为主的风险化解方式。

四是建立科学的激励约束机制。强化经济资本约束。执行好经济资本管理办法，把经济资本模拟测算模型作为信贷资源配置、贷款定价和信贷业务决策的重要依据，审查人员在审查贷款时做到必审资本占用，对未进行经济资本测算的业务要发回调查环节补充测算，对经济资本占用偏高的业务要采取延长审结期限、追加担保条款、优化期限结构及提高定价水平等方式加以补充完善或引导退出。优化信贷资源配置。明确信贷资源在区域、行业、客户、产品、期限、担保方式等维度的配置目标。根据同业态势及市场变化，动态调整资源配置方向，重点是做好与管理部门及前台的对接工作，将信贷规模匹配与行业授信限额管理、客户名单制管理相结合。细化客户经理考核。抓住人力资源综合改革契机，全面推行客户经理、风险经理、产品经理的等级管理制度，通过奖勤罚劣提高工作积极性。根据不同的业务品种、业务领域和业务区域，实施以经济增加值为标尺的统一评价，提高考核的公开、公平和公正性。

五是实施信贷队伍素质提升工程。面对复杂多变的经济金融环境和日趋激烈的同业竞争，迫切要求我们有一支素质高、技能硬、会营销、能控风险的团队。提升信贷专业领导干部职业素养，特别是强化分管信贷行长和信贷部门负责人的培训，打造一支"懂市场、会经营、善管理"的信贷专业领导干部队伍。强化信贷从业人员的培训。本着"基层需求，菜单设计，上下协同，讲究实效"的原则，通过基层提需求、分行制菜单、能者担宣讲、典型树榜样、观摩学经验以及沙龙促交流等方式与途径，持续提升信贷人员素质。重塑优秀信贷文化。大力弘扬审慎稳健、尽职尽责和专业专注的信贷文化，加强信贷审批、资产处置、合作单位外聘等环节和相关岗位的监督管理，引领和规范信贷管理行为，为信贷业务可持续发展夯实文化基础。

**郑剑荣（原中国银行台州分行行长）**：如果把授信资产形象地比作"树"的话，防范风险工作就要从"捉虫"和"培基"两方面着手。首先是捉虫：（1）开展风险排查工作，逐户排查公司授信客户风险状况，制定风险化解措施。（2）建立大额授信风险监控台账，加强对重点风险大户的动态管控。（3）尝试风险化解手段创新，多策并举，研究化解担保风险。要清查存量保证情况，严堵担保风险扩散。（4）以防促管，合理评估企业的担保实力，避免互保、连保的连带风险。其次是"培基"：（1）理念宣导，培养风气。格林斯潘说过："我们永远不应忽视，不管技术如何进步、管理系统如何复杂，银行管理的基础始终是银行管理人员的知识与判断。"因此要从根子上解决问题，就要将风险意识与诚信意识灌输到每一位授信从业人员思想之中，使其对风险管理有认知感、认同感和责任感。自2008年开始，台州中行在各级授信从业人员队伍中积极倡导"诚实守信"的授信理念，对不诚信行为加大处罚、全辖通报，澄清了风气，取得了良好的效果，从台州中行的实践经验来讲，在当前的台州，形成讲诚信、积极向上的信贷文化，也是十分必要的。（2）问责约束，规范秩序。要牢固建立可持续发展的经营理念，加强对授信从业人员的问责约束，着力解决中行不良贷款至核销环节问责的滞后性，推动不良资产预防和化解工作的有效开展。（3）重视管理，淡化审批。业务要"精着做"，而不是"做了算"、"批了看"。审批不仅要管质量、还要管贷款发放后会不会成为损失。要多挤出精力用于系统管理、业务指导、研究市场等方面。（4）结构调整，优化质量。要严格控制存量客户新增授信，防止"垒大户"。经济形势越复杂，越容易造成损失，越要加强风险管理的主动性、前瞻性和有效性，促进结构的优化调整，确保授信资产安全。此外，我们也要理性分析企业的经营风险，合理给予中小企业一定的"自愈"时间。

**郑浩（中国建设银行台州分行党委书记、行长）：** 目前环境下，防范金融风险是系统工程，应从金融业、企事业、政府三个方面进行：金融业要按国家的行业政策，严格选择客户，严格信用准入条件，以防"病从口入"；实体经济要按国家的行业政策流动资本，优化要素配置，加强核心技术创新，提高市场竞争力；政府除了要规范经营行为，加强资本引导，从宏观上防止风险积聚，还应在处置不良金融信贷资产中发挥积极作用，充分运用行政、法律及税收等杠杆，帮助银行业加快不良处置，赢得疏通"经济血液"的时间。从本行业自身看，金融业要念好"堵、疏、导"三字经，防范金融风险。"堵"就是要根据国家的货币、行业、信贷政策和有关法律法规，未雨绸缪，堵住一些金融风险漏洞。如出台小微企业信贷支持政策，明确信贷支持的范围、产业、条件，尽量让先天不足的企业排除在金融信用之外。"疏"就是要根据区域、行业及企业特点，配置好金融具体政策和产品，分散金融风险。如用银团贷款支持地方重点项目，减少金融业内部竞争来降低信用风险，减轻金融风险。"导"就是引导、指导信贷资金投向风险低、效益好、需求大的领域，让金融资产实现高效低风险配置。如通过加强金融资产质量监管和考核，以经济考核、职业限制等手段来引导信贷投放，实现信贷质量的优化，防范金融风险。此外，银行业还应在风险处置的手段与效率上加强创新，防止由于处置不畅而至信用风险扩散，银行经营效率与经济运行效率下滑。

**郑爱民（中信银行台州分行行长）**：金融行业的风险防范是一项事关经济命脉、社会稳定的大事，也是复杂的系统性工程。防范金融风险必须靠政府、金融机构、全社会的协调与配合。政府顶层设计是前提、金融机构令行禁止是关键，全社会守信自律是基础。我认为防范当前金融风险应抓好以下三个层面工作：政府层面，应根据经济环境变化和十八届三中全会深化改革的要求，改进和加强宏观层面调研和决策，通过顶层设计厘清金融导向、规范金融行为、改善社会征信、保护金融利益。一是出台支持实体经济、支持小微企业专项实质性鼓励政策。如存贷比倾斜政策等。二是建立适应创新需求的新型监管机制，提高监管水平。三是扩大征信范围，完善社会征信系统。建立工商、税务、司法等统一开放的金融信息共享平台，促进银企信息对称。金融层面，一要注重客户的筛选，建立和实施好"了解你的客户"的事前调查和贷后管理风险防火墙。二要坚持风险分散原则，科学管理好贷款集中度。三是坚持合规先行、审慎经营，提高各项国家方针、监管政策的执行力，保持业务创新的合理性与合规性，理性回归商业银行安全性、流动性和效益性的"三性"原则。社会层面，一要诚实，二要守信，三要坚持主业，务实经营，建立适度负债的自我约束机制。共同打造社会、客户、银行三方共赢的金融环境。

**蒋国华（华夏银行台州分行行长）**：首先，从外部来看，应致力于强化外部监管，加强市场约束，改进企业信用，规范会计事务所的行为，为银行的贷款投资决策建立良好的外部经济环境。（1）强化风险外部监管。进一步强化监管当局对商业银行的监管，使之更加有效、更富针对性，从而保证商业银行运行的稳定性、安全性。一是改进和提高监管效能需要将合规性与风险性相结合，以风险性监管为主，以合规性检查为辅，真正重视风险监管工作。二是健全非现场监督体系，并保持监督的持续性。（2）加强市场约束。监管当局应通过制定信息披露准则及指引等措施，促进银行披露的信息具有可比性、可靠性与及时性，并将对银行合规性和风险性评级的有关内容向社会披露，加强社会监督。（3）改进企业信用状况。一是积极营造良好的信用环境，规范政府行为，强调政府宏观调控，打造政府信用。在企业和全社会树立讲诚信的公德意识，形成诚信光荣、失信可耻，信用即财富的共识和理念，营造良好的信用氛围。二是加强信用制度建设，培育信用社会监督机制，市场经济是法制经济，应依靠法律力量和制度政策来约束信用关系各方面的行为，尽快建立和完善失信惩罚机制，加大失信惩治力度，鼓励诚信经营。三是加快培育企业信用服务中介行业。（4）规范会计事务所的行为，要求审计报表真实。

其次，从内部来看，应致力于构建完善的信用风险管理体系，健全内部控制制度，树立先进的风险管理文化，建立先进的信息收集和处理系统，提高风险管理技术，从而提高自身风险管理水平。（1）构建完善、灵活的风险管理组织体系，建立科学的风险管理决策体系，建立风险管理的评价体系。（2）健全内部控制制度，建立一个赏罚有度的激励约束机制，强化激励机制，加强从总行到各级分行、支行的各级业务主管部门的自身监管和对下级的监管，完善内部稽核机制，加强内部审计部门的独立性和权威性。（3）树立风险管理文化，从知识、制度及员工风险观、风险内部控制意识、风险管理道德规范和价值标准等精神层面进行塑造。（4）提高风险管理技术，建立先进的风险管理信息系统，提高对信用风险的控制能力。

**崔全利（浙江省农村信用社联合社台州办事处主任）**：应该多措并举，为业务持续发展保驾护航：一是坚持"小、散"定位。强化"四主"定位，坚持"小额、流动、分散"的信贷策略，是农信系统60多年发展的经验积淀，是不断壮大的制胜法宝，真正做到"鸡蛋不放在一个篮子里"，实现了以"小"博"大"。目前，全市农信系统贷款户数30余万户，户均贷款仅为20.6万元。二是崇尚诚信文化。把农村信用工程创建作为最基础的信贷工作，不断提高信用户、信用村（社区）、信用乡镇（街道）评定覆盖面，丰富信用工程内涵。在先后推出丰收小额贷款卡和创业卡产品的基础上，开展农民专业合作社等新型农村经营主体信用评定，引入"孝文化"和"家信用"，大力发展小额信用贷款，树立信用创造价值导向，努力培育良好信用环境。三是推行阳光信贷。"诚信"与"阳光"相辅相成、互促互进。"阳光信贷"就是信贷业务的公开化、透明化，做到"三公开"（办贷人员信息公开、贷款条件公开、贷款流程公开），落实"三承诺"（限时承诺、行为承诺、监督承诺），让客户对能否贷款、能贷多少、如何办理、向谁投诉等心中有数，真正把贷款权力关进制度的笼子里，逐步形成信贷人员敬业守业的倒逼机制。四是强化内控优先。正确处理发展和改革、管理和效率的关系，确保发展速度和管理水平相匹配，进一步强化内控体系建设，理顺总部与基层的管理和经营关系，将工作重心由"防风险"向"控风险"转变，实现对金融风险的主动性、前瞻性、预判性和科学可容忍性的管理。

**陈小军（台州银行董事长）**：经过 25 年在小微金融市场上的努力探索，台州银行总结出了一套适合自身发展的风险防范技术。第一，采用贴合小微的风控技术，逐户调查。根据服务对象小微企业的特点，确定"不看报表看原始"、"不看抵押看技能"、"不看公司治理看家庭治理"的"三看三不看"风险识别技术以及"下户调查、眼见为实、自编报表、交叉检验"的"十六字"风控技术。技术核心在于"交叉检验"，其通过借款人各类信息之间的勾稽关系验证信息真实性、准确性、完整性的方法，能很好地解决小微企业信息不对称问题。第二，分级分类分人管理，问责到位。对风险的控制，建立了明确的问责机制。分级是指不同的风险等级，分类是指按额度和产品分类，分人是指不同客户经理、审批人员承办不同授信业务分类管理。在分级管理上，采用按借款人账户现金流测评风险的办法；同时对信贷人员进行资格考试，不同贷款额度需要不同的资格证书。贷款责任到位，推行第一审批人、调查人负责制，制订不同风险成因导致不同程度风险的处罚标准。第三，推动风控标准化和工具化，人机共管。风险管控标准化和工具化，主要包括客户评级系统建设，针对小微企业客户特点进行风险评级，提供决策和检查参考；充分利用风险预警和非现场检查系统，对特定风险设定模型化、日常化；建设影像系统，提升标准化管控水平和丰富非现场检查手段。第四，动态监测社会舆情信息，杜绝隐患。建立一整套声誉风险防范机制，建立总—分—支三级舆情信息监控体系，明确责任部门，问责到人，严格规定监测内容、监测时间、苗头报送时间以及报送方式。

**王钧（浙江泰隆商业银行董事长）**：首先，按照商业银行的本质要求，打造现代化银行。银行业的发展应该以市场为导向、以客户为中心，健全现代银行业服务体系，提高对市场的响应效率和客户的服务水平，为实体经济提供针对性强、持续性好、附加值高的金融服务。其次，完善风控到位、运行高效的经营管理体系。按照审慎经营的原则，建立事前防范、事中控制、事后处理机制，完善全面风险管理体系，提高经营管理水平。同时，通过模型化、系统化、标准化的业务流程建设，明确各环节的关键点和风险点，充分发挥风险管理第一道防线作用，降低操作风险，提高银行自身判断和有效识别信用风险的能力。第三，加大业务调整和转型力度。各家银行要合理定位、科学布局、避免同质化竞争。在各自的细分领域中，根据实体经济的需求和银行的实际情况，通过特色化发展、差异化经营、专业化服务，做深、做透、做出特色。第四，加强 IT 系统建设，提升服务效率和客户体验。银行业要加强系统建设，提高 IT 系统对业务发展的引领和支撑作用。利用大数据技术，强化客户信息的整合和分析能力，识别客户潜在需求和风险点；强化内部流程的模型化、标准化建设，统一服务标准，降低操作风险；强化电子渠道建设，大力发展电子银行、手机银行、自助终端业务，方便客户操作，提升服务效率。第五，重视中间业务发展。当前的金融服务，已经从单一的贷款满足度转变为服务满意度，市场竞争已经从产品竞争转向综合服务的竞争。特别是利率市场化之后，利差将会大幅度缩小，大力发展中间业务，为客户提供更加全面、综合的金融服务成为银行业发展的趋势。

（整理人：蒋妮娅，王菁菁）

## 参考文献：

1. 高铭暄：《刑法肆言》，法律出版社 2004 年版。

2. 赵秉志、杨诚：《金融犯罪比较研究》，法律出版社 2004 年版。

3. 汪鑫主编：《金融法学》，中国政法大学出版社 1999 年版。

4. 舒慧明、刘建编：《中国金融刑法学》，中国人民公安大学出版社 1997 年版。

5. 林山田：《经济犯罪与经济刑法》，台湾三民书局 1981 年版。

6. 屈学武：《金融刑法学研究》，中国检察出版社 2004 年版。

7. ［美］博登海默：《法理学——法律哲学与法律方法》，上海人民出版社 1992 年版。

8. 卢勤忠：《中国金融刑法国际化研究》，中国人民公安大学出版社 2004 年版。

9. 刘建：《金融刑法学在中国的崛起》，载《法学杂志》，1999 年第 3 期。

10. 刘建主编：《中国金融刑法全书》，海南出版社 1999 年版。

11. 刘建主编：《中国金融犯罪预防指南》，海南出版社 1998 年版。

12. 吕忠梅：《法学与经济学的结盟》，载《法学家茶座》2005 年第 8 期。

13. 刘萍、张韶华、孙天琦：《最新放贷人法律》，中国金融出版社 2009 年版。

14. 彭冰：《非法集资行为的界定——评最高人民法院关于非法集资的司法解释》，载《法学家》2011 年第 6 期。

15. 岳彩申：《民间借贷规制的重点及立法建议》，载《中国法学》2011 年第 5 期。

16. 周晓松：《英国〈消费信贷法〉对我国民间借贷规范化的启示》，载《华北金融》2011 年第 9 期。

17. 孙天琦：《香港专业放债机构运作启示》，载《中国金融》2012年第 7 期。

18. 王研：《民间借贷相关法律问题评析》，载《知识经济》2011年第 14 期。

# ● 后记

　　本书的完成，得益于金融检察课题的调研。作者在调研中，深刻感受到金融法律知识的普及对金融业稳定发展的重要意义，撰写了《论民间金融活动中常见犯罪的认定与防范——以台州民间借贷现象为视角》一文，2012 年 9 月被中国检察学研究会金融检察专业委员会年会暨第二届金融检察论坛评为一等奖。

　　为了让调研中收集到的大量活生生的案例，能够发挥更好的警示作用，我们着手准备将其编纂成书，展现给金融从业人员和社会全体公民。

　　经过一年多的努力，此书今天终于面世！抚书感怀，首先，要感谢浙江社会科学联合会将其列入社会科学普及课题；其次，要感谢浙江省人大常委会党组书记、副主任茅临生同志为此书作序；同时，也要感谢中国检察学研究会金融检察专业委员会年会授奖，为编纂此书提供了精神的动力！在编纂过程中，得到了各专业银行和三门县检察院的大力支持，他们为此书提供了丰富的案例和行长访谈等珍贵资料，中国检察出版社编辑室主任马力珍同志，中国人民银行台州市中心支行行长、台州金融学会会长肖宗富同志，秘书长张笑足同志为此书的编辑出版发行付出了辛勤劳动，在此一并表示衷心的感谢！

王建华

2014 年 9 月

图书在版编目（CIP）数据

警惕！身边的风险：金融风险法律防范指南/王建华主编. —北京：
中国检察出版社，2014.11
ISBN 978 - 7 - 5102 - 1279 - 6

Ⅰ.①警…　Ⅱ.①王…　Ⅲ.①金融风险防范 - 金融法 - 基本知识 - 中国
Ⅳ.①D922.28

中国版本图书馆 CIP 数据核字（2014）第 202089 号

## 警惕！身边的风险
——金融风险法律防范指南
### 王建华　主编

出版发行：中国检察出版社
社　　址：北京市石景山区香山南路 111 号　（100144）
网　　址：中国检察出版社（www. zgjccbs. com）
编辑电话：（010）68650028
发行电话：（010）68650015　68650016　68650029　68686531
经　　销：新华书店
印　　刷：河北省三河市燕山印刷有限公司
开　　本：720 mm×960 mm　16 开
印　　张：14.5 印张　插页 16
字　　数：252 千字
版　　次：2014 年 11 月第一版　2014 年 11 月第一次印刷
书　　号：ISBN 978 - 7 - 5102 - 1279 - 6
定　　价：38.00 元